AF582413

ASILE ÉVANGÉLIQUE

D'AIX-LES-BAINS

PREMIER RAPPORT

1875

Quelque modeste que soit notre œuvre, il est convenable que ses bienfaiteurs puissent se rendre compte de l'emploi de leurs dons et il est utile d'appeler sur notre *Asile*, l'attention et l'intérêt dont il est digne.

Le but que nous poursuivons est facile à expliquer. Nous avons été témoins de misères et de souffrances qui nous ont fait penser à ceux qui n'avaient aucun moyen de les soulager. Nous avons songé à ceux de nos coreligionnaires que des répugnances plus ou moins justifiées empêchent de recourir à l'hôpital existant. La vie des grands hôpitaux et surtout les obsessions religieuses que l'on s'y permet quelquefois, ne sont pas du goût de tout le monde. Nous avons le droit et même le devoir d'aider nos pauvres à s'en affranchir.

Nous n'entendrons pas pour cela faire de notre côté œuvre exclusive et sectaire. Rien ne nous répugne davantage, surtout sur le terrain de la bienfaisance. Sans renoncer à notre qualité de chrétiens ni oublier jamais qu'aucune inspiration ne vaut celle de Jésus pour l'accomplissement du bien, nous voulons simplement que notre Eglise apporte sa collaboration à une tâche qui s'impose à tous dans la ville d'Aix et qui, à plus forte raison, entre dans notre sphère d'activité. Il ne serait pas naturel que notre Eglise parût se désintéresser du soin de ses propres malades, alors que l'affluence de nos coreligionnaires Français, Anglais et Suisses est d'année en année plus considérable à Aix-les-Bains.

La liste des dons et souscriptions qui va suivre montrera d'ailleurs quelle sympathie a rencontrée notre œuvre naissante. Les dépenses de première installation et d'entretien d'une année sont à peu près couvertes.

Nous avons dû, il est vrai, modérer bien strictement nos dépenses pour les proportionner à nos ressources et l'on nous rendra sans doute cette justice que nous avons fait assez de choses avec peu d'argent. Une maisonnée de quatorze lits, installée et mise en ménage pour la somme de 3,478 fr., n'a pas dû verser dans le luxe ni même s'accorder trop de confort.

Pourtant l'essentiel a été fait, grâce à Dieu. Une maison très convenable, quoique un peu éloignée de l'Etablissement des bains, a été appropriée à l'usage provisoire de l'Asile.

Notre institutrice à Aix, Mlle Lenglet, a pu, non sans fatigue, diriger notre petit Etablissement avec l'aide d'une amie dévouée, Mlle Lestrade, et avec l'appui de M. Noyer, pasteur suffragant, en l'absence momentanée de M. Fournier.

Nous devons à Mlle Lenglet la plus grande reconnaissance, et il est bien regrettable que sa santé affaiblie ne lui permette pas de garder son poste pour la saison de 1876.

Les services rendus dès le début par l'Asile, pendant la saison de 1875, ont complètement justifié notre entreprise et montré qu'elle répondait à un besoin réel. Dix-neuf malades ont profité de notre petite maison hospitalière, ils y ont fait 25 cures et passé 454 journées. Nous avons le regret de ne pas les recevoir tout à fait gratuitement. Mais nous réduirons la contribution des malades, fixée à 2 fr. par jour, si nos ressources nous le permettent à l'avenir. En attendant, c'est un avantage déjà considérable dans une ville d'eaux, où nécessairement il fait cher à vivre, d'avoir, pour ce prix, outre la nourriture et le logement, la cure complète et tout ce qu'elle comporte de soins médicaux et de frais divers.

Tous nos malades ont témoigné leur vive satisfaction et leur reconnaissance envers une institution sans laquelle la plupart ne seraient point venus à Aix. On le comprend, quand ils ont pu guérir ou du moins soulager des maux dont la gravité va souvent jusqu'à ôter la possibilité du travail en paralysant les membres. Plusieurs, grâce à Dieu, ont éprouvé l'efficacité vraiment merveilleuse des eaux d'Aix, en particulier contre les rhumatismes.

Nos malades se sont sentis les hôtes d'une famille bien plus que les pensionnaires d'un établissement. Ils ont accepté avec d'autant plus de facilité et de sincérité la direction religieuse imprimée à notre œuvre que la liberté de tous, est, sous ce rapport, absolument respectée.

D'ailleurs, rien n'a été négligé pour que nos malades fussent traités avec tous les soins désirables. Avec plus d'expérience et un meilleur outillage, nous espérons pouvoir mieux faire encore à l'avenir. En tous cas, nos malades ont senti qu'ils étaient entre bonnes mains avec M. le docteur Brachet, dont l'assistance purement gratuite nous a été du plus grand secours dans la fondation de notre œuvre.

La charge était un peu lourde pour un seul médecin durant les moments les plus actifs de la saison, et nous sommes heureux de pouvoir annoncer que M. le docteur Blanc a bien voulu nous assurer de son précieux concours dès la saison de 1876. S'il fallait encore dans l'avenir d'autres auxiliaires, nous sommes assurés que l'excellent corps médical d'Aix-les-Bains nous les fournirait sans peine et avec le même désintéressement.

Nos arrangements intérieurs subiront aussi une modification. Comme l'annonçait notre première circulaire, une famille protestante d'Aix s'était chargée de fournir la nourriture à nos malades moyennant un tant par jour et par personne. Cet arrangement bien commode pour la direction, ne pourra pas subsister. Nous avons dû organiser un ménage complet, et heureusement nous avons trouvé pour le diriger un personnel parfaitement qualifié. Pour la saison 1876 au moins, d'excellents frères, M. et Mme Bérard se sont mis à notre disposition de la manière la plus désintéressée. Ils seront secondés par une garde-malade empruntée à l'Asile évangélique de Cannes, dont le bienveillant directeur, M. le pasteur Espenett, porte à notre œuvre un vif intérêt.

En somme, nous n'avons que des actions de grâce à rendre à Dieu, pour le succès qui nous a été accordé dans une entreprise longtemps souhaitée et mûrie par le pasteur de Chambéry.

Nous sommes d'autant plus joyeux et reconnaissants que nous entrevoyons des bénédictions plus grandes encore et que l'Asile d'Aix est appelé à prendre prochainement un développement assez considérable.

La générosité de quelques amis de France et de Suisse nous avait permis d'acquérir un terrain admirablement situé où nous projetions de construire, à la longue, un petit hôpital avec une chapelle ou salle de culte devenue nécessaire pour le culte Réformé français, dont la célébration était gênée et gênante dans la chapelle anglicane. Ce projet a été facilité et se trouve même immédiatement exécutable par une circonstance extrêmement heureuse : nos frères Presbytériens d'Ecosse ont jugé utile d'avoir aussi leur culte à Aix. L'Eglise libre d'Ecosse a pris l'initiative de ce projet et en dirige l'exécution avec l'appui des Eglises-sœurs et en particulier avec l'aide d'un Comité qui s'est formé à Glasgow.

Ce Comité s'est associé à nous pour les dépenses de l'*Asile* autant que pour celles de la chapelle dont il partagera la jouissance. Son action a été secondée par le dévoûment d'une amie irlandaise, Mme Mac Vickars, qui a fait en Ecosse une laborieuse campagne de collecte.

Le résultat en est si heureux que nous pouvons mettre la main à l'œuvre dès le mois de juin, et que l'année prochaine ne s'écoulera pas sans que, Dieu voulant, nous puissions voir nos bâtiments achevés.

De tels faits sont de nature à prouver que notre entreprise est venue bien à point et n'a rien eu de prématuré ni d'humainement forcé, car les voies nous ont été providentiellement ouvertes et nous marchons plus vite que nous n'avions prévu et même voulu.

Ceux qui connaissent Aix et savent le bien que l'on peut y faire, voudront sans doute, dans la mesure de leurs moyens, seconder une entreprise qu'il serait difficile de ne pas approuver. Ils songeront au double besoin qui nous presse : entretenir l'Asile en fonction et achever les constructions qui doivent rendre son œuvre plus étendue et plus parfaite.

Pour nous, nous continuerons à apporter à cette œuvre le plus pur de notre zèle. Délégués par le conseil de l'Eglise réformée de Chambéry, qui, au nom du consistoire de Mens, est appelé à diriger l'œuvre évangélique d'Aix, guidés par des amis dont l'autorité et la compétence nous sont d'un puissant secours, nous poursuivrons notre tâche avec la confiance qu'elle est approuvée de Dieu et sera soutenue par nos Frères.

Au Nom du Conseil d'Eglise,

La Commission de surveillance,

GAIGNAIRE,
Vérificateur de la culture des tabacs.

COULON,
Commis principal des contributions indirectes.

A. FOURNIER,
Pasteur de l'Eglise réformée de Chambéry.

CONDITIONS D'ADMISSION

A L'ASILE ÉVANGÉLIQUE

1° Etre recommandé par une personne connue ;

2° Avoir un certificat du médecin qui aura jugé les eaux d'Aix-les-Bains nécessaires ;

3° Etre muni d'un certificat *signé du maire de la commune où l'on réside*, constatant formellement *que l'on est point à même de payer les eaux d'Aix-les-Bains.*

Cette condition est indispensable pour obtenir la gratuité des eaux, et d'ailleurs l'Asile est rigoureusement réservé aux nécessiteux. Une exception peut être faite pour des pasteurs concourant au service religieux, pour des instituteurs ou institutrices et leurs familles ; une chambre est réservée pour ces cas.

4° Payer 2 francs par jour et d'avance, tous frais compris, excepté le blanchissage personnel.

AIX, — IMP. GÉRENTE.

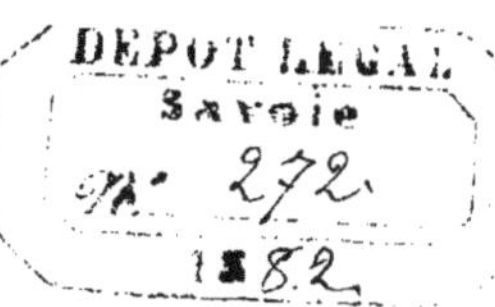

ASILE ÉVANGÉLIQUE

D'AIX-LES-BAINS

Temple, école, infirmerie.

Les dons peuvent être adressés : à Paris, M. Alfred André, anc. député de la Seine, 49, rue Abattucci; à Lyon : M. R. de Cazenove, 8, rue Sala; à Genève : M. le pasteur Mittendorff; à Lausanne : M. le professeur Lochmann.

DEUXIÈME RAPPORT

1876

Nous continuerons à faire précéder d'un Rapport simple et succinct la liste et le compte-rendu des dons annuels qui nous sont confiés pour le soin de nos malades.

Quant à l'école, qui compte vingt-six élèves, elle a affaire aux sociétés spéciales qui la soutiennent.

Nous publions ce Rapport non à la fin de chaque exercice, mais à l'entrée de la saison nouvelle pour qu'il serve de rappel tant aux amis qui peuvent nous aider qu'aux frères qui peuvent profiter de notre œuvre.

Cet imprimé, qui coûte peu, nous a déjà rapporté beaucoup. Outre la satisfaction de ceux qui aiment à voir clair en toute chose, il nous a valu un dégrèvement d'impositions. L'*Asile* avait été taxé comme une industrie privée. Il a dû payer patente pendant deux ans. Mais une administration équitable a pu juger par la publication de nos comptes qu'elle grevait un budget de bienfaisance et non une entreprise de spéculation.

L'exemple d'ailleurs est venu de haut. Sur la demande d'un de nos honorables députés de la Savoie, M. Parent, le ministre de l'agriculture et du commerce, de qui relève l'Etablissement thermal, M. Teisserenc de Bort, a bien voulu accorder à *l'hôpital protestant* la gratuité des eaux thermales, au même titre qu'à l'hospice civil, qu'on peut bien appeler hôpital catholique. — Cet acte de bienveillante justice a pour nous un grand prix, tant au point de vue moral qu'au point de vue matériel.

Nous prenons donc notre place au soleil, et nous n'avons cessé de recevoir des témoignages d'intérêt non-seulement de nos coreligionnaires, mais de beaucoup de catholiques. A Aix, en particulier, on comprend l'utilité de notre Asile, et nous croyons pouvoir affirmer qu'il est vu de bon œil par la majorité de la population qui, d'ailleurs, n'a rien à y perdre.

On a pu voir que notre œuvre avait quelque portée par les constructions qui, l'été dernier, se sont rapidement élevées, et dont la vignette ci-jointe, exécutée en Ecosse pour les besoins de la collecte, donne une idée assez exacte : à gauche, le temple pour le culte français et écossais ; au centre, l'école et le logement de l'institutrice (rez-de-chaussée), et l'infirmerie qui s'étend jusqu'au dessus de la chapelle et comprendra quatorze pièces ; à droite, deux petits logements de trois pièces pour le pasteur écossais et le pasteur français ou la Direction.

Ces bâtiments sont presque achevés. Le temple seul et la salle d'école pourront être utilisés cet été. L'inauguration aura lieu le 3 juin. Le reste ne peut encore recevoir nos malades, surtout des rhumatisants. Mais dès l'été prochain, nous serons, D. V. installés au nouvel Asile. Il ne sera que temps. Nous commençons à sentir la gêne dans notre local provisoire, car nous avons progressé depuis l'année précédente.

Durant la saison de 1876, nous avons eu 33 malades venus de France, d'Alsace, de Suisse, d'Angleterre. Ils ont passé à l'Asile 788 journées. Presque tous ont manifesté une très grande satisfaction de leur séjour dans notre établissement. Il en est qui ont des raisons spéciales de bénir Dieu pour le bien qui leur a été fait.

Par exemple, Mme P., de Genève, est arrivée à l'Asile paralysée de tous les membres, et ne pouvant même, sans douleur, remuer les doigts. Il fallait porter la nourriture à sa bouche. Une première cure a produit un grand soulagement. A la deuxième, sur la fin de la saison, elle montait seule l'escalier et faisait à pied sa promenade en ville.

C'est une cure vraiment merveilleuse et qui montre l'efficacité des eaux d'Aix pour les maladies auxquelles elles s'appliquent exactement. Il est vrai que nos excellents médecins, MM. les docteurs Brachet et Blanc, y ont pris peine, ainsi que les employés de l'Etablissement thermal qui s'intéressent surtout à de tels patients. Nous avions aussi une très bonne garde-malade.

L'Asile sert de refuge, en cas de besoin, à d'autres qu'aux malades que nous appellerions volontiers *thermaux*. Une jeune femme de chambre accompagnant une famille anglaise était à l'hôtel en danger de mort. On l'a transportée à l'*Asile* où, grâce à Dieu, et à des soins tout maternels, elle s'est rétablie.

Notre joie sera de soulager le plus grand nombre possible des souffrances qu'endurent tant de malheureux et qui engendrent la misère comme l'affliction.

Nous avons, à tout évènement, accordé à deux malades la gratuité complète ou partielle. Il faut souhaiter de pouvoir procurer ce bienfait aux plus dépourvus d'entre nos frères. Cela dépendra de nos recettes.

Nous allons commencer notre troisième année avec un nouveau changement de Direction. Nos amis, M. et Mme Bérard, dont le concours nous a été précieux l'année dernière n'ont pas cru pouvoir accepter la même tâche cette année. Il faut espérer que nous pourrons arriver à constituer un personnel régulier. En attendant, soyons reconnaissants envers Dieu et envers tous nos collaborateurs pour le peu qu'il nous a été donné de faire.

Au Nom du Conseil d'Église.

La Commission de surveillance,

A. FOURNIER,
Pasteur de l'Église réformée de Chambéry.

KLEIN,
Percepteur.

COULON,
Commis principal des contributions indirectes.

CONDITIONS D'ADMISSION A L'ASILE ÉVANGÉLIQUE

1° Être recommandé par une personne connue;

2° Avoir un certificat du médecin qui aura jugé les eaux d'Aix-les-Bains nécessaires.

3° Etre muni d'un certificat signé du maire de la commune où l'on réside, constatant formellement que l'on n'est point à même de payer les eaux d'Aix. — Cette condition est indispensable pour obtenir la gratuité des eaux, et d'ailleurs l'Asile est rigoureusement réservé aux nécessiteux. Une exception peut être faite pour des pasteurs concourant au service religieux, pour des instituteurs ou institutrices et leurs familles.

4° Payer 2 fr. par jour et d'avance, tous frais compris, excepté le blanchissage personnel.

DONS ET SOUSCRIPTIONS POUR L'ENTRETIEN

(Les dons pour la construction seront publiés dans un rapport spécial.)

Collecte par M. A. Fournier, pasteur :

Mme Marracci	100 »
Mme et M. Butini de la Rive	100 »
Mme et M. Perregaux, sur 80 f.	40 »
Mme Moulinié	20 »
Mme Vavin	20 »
Mlle Ferrier	5 »
Mme la baronne Ch. de Boigne	5 »
Mme Deschamps	1 »
Mlle Claudia Deschamps	1 »
Mme et M. d'Anitskoff	10 »
Anonyme de Lausanne (par Mr Bridel	10 »
	312 »

Par M. Pfender, pasteur suffragant :

M. Myles Edward Mather (sur 50 fr.)	25 »
M. A. Rambaud, pasteur	10 »
M. Jules Pfender	5 »
	40 »

Par Mlle Lengfet :

Mme Valloton	5 »
Collecte par the Christian	75 »
Mme Cay	20 »
	100 »

Par Mlles Rolland, de Genève :

Mme Melly-Patry	5	»
M. Reverdin, agent de change	10	»
Mlle Blondel	10	»
Mme Dominicé-Sylvestre	3	»
Mme E.-W. Browne	20	»
Mlle Browne	2	»
Mlles Rolland	7	»
	57	»

Par Mlle E. Barde de Genève :

Mme Auguste Barde	20	»
Mlle E. Barde	20	»
Mme Serre	10	»
M. le pasteur Siordet	5	»
	55	»

Par lady Whalley à Aix :

Mlle Gillespie	20	»
Lady Whalley	50	»
	70	»

Par Mme et M. le Dr Brachet, à Aix :

Miss Law	15	»
M. Tillotson	8	»
Comtesse Strogonoff	20	»
	43	»

Par Mlle Lochman à Lausanne :

Mlle Wyttenbach	5	»
Mme van Berchem	10	»
	15	»

Par M. le pasteur Lorriaux, à Paris :

Miss M.-F. Reid, sur 125 fr.	100	»

Par M. le Dr Blanc, à Aix :

Mme et M. Howard	40	»

Par M. Mac Gill a Edinburgh :

United presbyterian mission, répartition de 50 L.	800	»

Par MM. Donald Matheson, esq. et Rév. Horace Noël, à Londres :

Foreign evangelisation society of London, répartition de L. 10 (151 fr. pour école)	100	»

Par M. le pasteur Mittendorff :

Genève, boîte de la SEMAINE RELIGIEUSE, L. B. P. C.	17	»
Tronc de l'Asile et du Temple	85	90

Dons remis à l'Asile, à la Direction :

M. Dufour-Guisan	10	»
Mme et M. G. Bérard	100	»
Mme la baronne Oberkampf	30	»
Mlle Sophie Ansermoz	10	»
Mme Thierry-Kœchlin	20	»
M. Juliet J.-S. Howies, col.	20	»
Mme Julien Chavannes	5	»
Mme Gervais	5	»
Mlle Eschrick	5	»
Mme Pilet	3	»
Mme Jean de Fernex	20	»
Mme St-Martin-Ménard	5	»
M. Martine, 1er don	20	»
M. le colonel Zolotareff	110	»
Mme Julien	10	»
M. Martine, 2e don	20	»
M. Angelito de Ortiz	20	»
Mme Frayssinet	5	»
M. Aimé Jullien	10	»
M. Drouillon-Jaubert	10	»
Mme Dejarnac	50	»
Mme Tillotson	20	»
Mme et M. le maj. Dyson-Laurie	110	»
Lady Congleton	20	»
M. Wise	20	»
Mme et M. de Loriol	20	»
Miss Katt Payne	20	»
Mlle M. Z	10	»
	708	»

Dons en nature : Mme Gonin et Mlle Barde : Livres pour la bibliothèque

RÉSUMÉ DES COMPTES POUR L'ANNÉE 1876

Recettes

Dons et souscriptions	2,542	90
Pensionnaires	1,680	85
	4,223	75

Dépenses

Nourriture	1,716	95
Cure, pharmacie	377	05
Service	380	50
Matériel	320	75
Loyer, impôts, assurances	1,160	85
Bibliothèque	4	50
Frais divers, correspondances, imprimés, etc.	232	44
Déficit de 1875	36	95
Total des dépenses	4,229	99
Total des recettes	4,223	75
Déficit	6	24

Aix-les-Bains, imp. Gérente.

Gérente

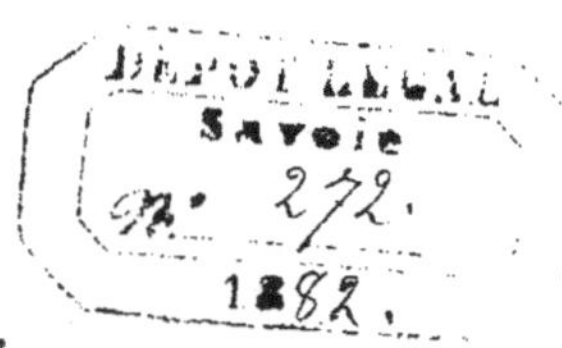

ASILE ÉVANGÉLIQUE

D'AIX-LES-BAINS

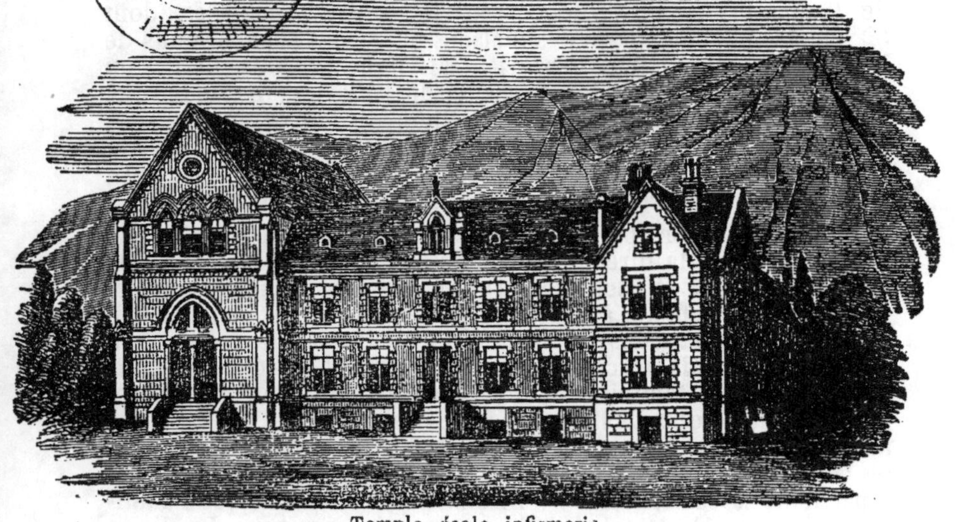

Temple, école, infirmerie.

Les dons peuvent être adressés : à Paris, M. Alfred André, ancien député de la Seine, 49, rue Abattucci; à Lyon : M. R. de Cazenove, 8, rue Sala; à Genève : M. le pasteur Mittendorff; à Lausanne : M. le professeur Lochmann.

TROISIÈME RAPPORT

1877

C'est le troisième exercice de l'œuvre. Il est marqué par une nouvelle augmentation des malades auxquels l'Asile a rendu service. Mais bien des malheureux souffrent encore sans remède et restent même dans l'incapacité de travailler parce que les cures d'eaux sont considérées comme le privilège du riche. Il faut qu'on sache que le pauvre peut venir aux eaux. L'admirable richesse de celles d'Aix, ainsi que le bel Etablissement dans lequel elles sont administrées (on projette de l'agrandir encore), permettent de faire une part convenable à l'indigent. Un hospice dirigé par des sœurs de charité y contribue de son côté. Nous nous efforçons de participer à cette bonne œuvre aussi largement qu'il nous est possible, et nous devons rendre cette justice à l'administration des Eaux, depuis la Direction jusqu'aux plus humbles employés, qu'elle entre parfaitement dans ce point de vue charitable. D'ailleurs les cures merveilleuses opérées sur de pauvres gens qui ne viennent à Aix que pour des maux sérieux, sont la meilleure annonce qu'on puisse faire et développent, sans contredit, la clientèle riche.

Donc, pendant la saison de 1878 nous n'avons pas compté moins de 1235 journées de présence réparties entre 48 malades, dont 32 femmes et 16 hommes. Ces malades nous sont parfois venus de loin, comme on en jugera par la statistique suivante : il y a eu 21 Français venus des départements de la Savoie, Haute-Savoie, Ain, Isère, Hautes-Alpes, Drôme, Rhône, Gard, Seine, Aisne; 2 Alsaciennes, une Allemande; 3 malades venues d'Italie ; 2 d'Angleterre et d'Irlande; 19 de la Suisse (Genève, Vaud, Neuchâtel). Nous avons dû accorder la gratuité complète à 5 personnes.

M. Jules Pfender, pasteur suffragant, a bien voulu se charger, par intérim, de la direction de l'Asile. Il y a consacré tout le sérieux chrétien et l'activité scrupuleuse que nous lui connaissions. Il était difficile à un jeune pasteur de mieux remplir une pareille tâche, et nous ne saurions trop lui savoir gré de son dévouement; mais il a constaté avec nous que la direction réclame plutôt une main féminine, surtout à mesure que l'œuvre se développe. C'est ce que l'Asile possédera désormais et, D. V., d'une manière durable. Mme Fournier qui était déjà devenue libre, dans les derniers temps, de seconder M. Pfender, prendra la direction à partir de la saison 1878. — Disons à cette occasion que l'administration de l'Asile est établie sur un pied nouveau. La directrice sera sous l'autorité d'un comité d'administration générale, composé des membres soussignés nommés à vie, quoique l'immeuble reste la propriété du Consistoire et que l'œuvre demeure sous sa protection. Cet arrangement a été pris pour donner à l'élément étranger (particulièrement à nos amis d'Ecosse qui ont tant contribué à l'entreprise) un droit convenable d'intervention et une autorité effective.

Pendant la saison dernière, le Directeur, secondé quelquefois par des pasteurs du dehors, a pu donner au culte domestique de l'Asile une portée qu'il n'avait pas eue jusqu'alors. Ce culte fréquenté par quelques baigneurs venus des hôtels a constitué parfois une véritable réunion religieuse, et s'est même tenu en plein air dans le jardin de la maison occupée provisoirement par l'Asile. Nous avons toutefois maintenu soigneusement à cet exercice pieux son caractère de largeur et de liberté. Si bien, que cinq catholiques admis à l'Asile s'y sont trouvés parfaitement à leur aise; entre autres une jeune fille du pays, bien souffrante mais pleine de bons sentiments, et qui n'a point cessé de pratiquer dans le culte romain la dévotion même la plus accentuée.

Nous avons la conviction que le respect de la conscience est un des plus urgents et des meilleurs exemples à donner. L'Evangile n'y perd rien, bien au contraire. En tout cas, et bien que notre Asile doive surtout servir à nos coreligionnaires, nous tiendrons à honneur que les catholiques qui y seront admis se félicitent de ne pas s'être laissé effaroucher par le nom de notre établissement qui est protestant de fait, mais chrétien et libéral avant tout.

Nous pouvons dire, d'ailleurs, que, sauf une seule exception, tous nos malades ont témoigné une satisfaction joyeuse et une touchante reconnaissance. — Une jeune personne de Genève, en particulier, Mlle B. a exprimé en des termes que nous voudrions pouvoir citer la vive affection qu'elle éprouve pour l'Asile. Et pourtant c'est celle de nos malades qui y a le plus souffert. Mais de même qu'elle trouvait dans son humble foi au Crucifié une résignation plus que stoïque au milieu d'un véritable martyre, de même et par des raisons analogues, elle appréciait les efforts d'une fraternité toujours imparfaite mais bien sincère. Liée dans sa *gouttière* (un appareil qui a l'air d'un instrument de supplice, mais qui n'est qu'un ingénieux engin de soulagement), elle était plus heureuse dans sa confiance en la bonté de Dieu, que ne le sont bien des gens en santé et rassasiés de biens. Touchants exemples dont la vue nous réconcilie avec les plus tristes réalités, puisque Dieu peut les faire tourner en bénédiction.

Nous avons eu aussi la joie de recevoir une diaconesse qui a été soulagée, mais non encore guérie. Elle devra sans doute revenir à l'Asile ; nous allions dire que nous le désirons, car bien que cette pieuse servante volontaire des pauvres n'eût aucune fonction à l'Asile, son influence a été bonne. — Nous l'avons éprouvé en particulier dans un cas extraordinaire où l'action morale était plus utile que les remèdes : une jeune anglaise qui avait tenté de se suicider a été adressée à notre Asile par M. le docteur Petit ; nous l'y avons soignée en attendant que l'excellent pasteur Ecossais, Rd Galbraith, ait pu la ramener dans sa patrie. Notre diaconesse a beaucoup aidé Mme Fournier dans cette circonstance plus que délicate, dont on est heureusement sorti avec toute la satisfaction désirable.

On voit par là que l'Asile quoique spécialement destiné à la cure d'eaux thermales est appelé nécessairement à une utilité plus étendue au milieu d'une affluence d'étrangers où se produisent des cas divers et nombreux, par exemple parmi les gens de service. Ceux-ci, et en général les personnes de toutes classes, peuvent certainement trouver ailleurs dans Aix des soins bienveillants, car la courtoisie qui est un des traits du caractère savoyard se rencontre dans les plus modestes comme dans les plus luxueux hôtels d'Aix-les-Bains. Mais certains malades sont trop coûteux ou trop gênants, surtout au fort de la saison, et l'on peut être aise de recourir pour eux à un Asile de bienfaisance. Nous nous efforcerons de satisfaire sous ce rapport Messieurs les maîtres d'hôtels comme les particuliers.

La manière dont nous allons maintenant être outillés facilitera singulièrement notre tâche. Grâce à de bienfaisants donateurs et sur la recommandation de nos dévoués médecins, MM. les docteurs Brachet et Blanc, nous avons été pourvus d'appareil précieux pour le soin de certaines affections. Mais ce n'est point à ces outils-là que nous faisons allusion, c'est à l'outil fondamental, au bâtiment dans lequel nous allons nous établir dès cet été. Construit *ad hoc* avec tout ce que le talent doublé d'un cœur chaleureux pouvait inspirer à un architecte tel que M. Gouy, de Genève, notre édifice est parfaitement approprié à son but. Le voisinage de l'Etablissement thermal, la proximité du parc, dont nous ne sommes séparés que par la largeur d'un chemin, des chambres largement ouvertes à l'air et au soleil, promettent à nos chers hôtes une habitation que les riches pourraient envier.

Comme l'annonçait le dernier Rapport, les bâtiments de l'Asile ont déjà été inaugurés le 10 juin dernier, mais seulement par la dédicace de la chapelle. Cette fête religieuse rendue plus solennelle par la consécration au saint ministère de M. Pfender a été des plus réussies et des plus édifiantes. Nous n'avons pas à la raconter, car le culte (non plus que l'école) n'est pas l'objet de ce Rapport. Nous aurons à en parler dans le Rapport spécial qui sera bientôt publié avec les comptes relatifs à la construction. Disons seulement que cette fête a fourni l'occasion à de nombreux amis d'approuver et d'encourager notre entreprise, et à la population d'Aix de manifester le bon esprit qui l'anime à notre égard.

Au moment de commencer notre quatrième saison, nous faisons appel à la bonne volonté de ceux qui ont des malades à soigner comme à ceux qui ont de l'argent à donner. Parmi ceux-ci, nous nous adressons particulièrement et avec confiance aux baigneurs riches ou aisés qui appartiennent aux églises protestantes et qui ne voudront pas profiter des eaux d'Aix sans contribuer dans la mesure ou leur conscience le leur dira, à procurer le bénéfice de ces eaux à de plus pauvres et peut-être de plus malades qu'eux.

Le Comité de Direction,

ROBERT HOWIE,
Pasteur, président du Comité de Glasgow.

E. CAMBEFORT,
Pasteur de Grenoble, président du Consistoire de Mens.

A. FOURNIER,
Pasteur de Chambéry et Aix-les-Bains.

CONDITIONS D'ADMISSION A L'ASILE ÉVANGÉLIQUE

1° Être recommandé par une personne connue;

2° Avoir un certificat du médecin qui aura jugé les eaux d'Aix-les-Bains nécessaires;

3° Être muni d'un certificat signé du maire de la commune où l'on réside, constatant formellement que l'on n'est point à même de payer les eaux d'Aix.

Cette condition est indispensable pour obtenir la gratuité des eaux, et d'ailleurs l'Asile est rigoureusement réservé aux nécessiteux. Une exception peut être faite pour des pasteurs concourant au service religieux, pour des instituteurs et institutrices et leurs familles.

4° Payer 2 fr. par jour et d'avance, tous frais compris, excepté le blanchissage personnel et les porteurs, s'il en faut.

DONS ET SOUSCRIPTIONS POUR L'ENTRETIEN

(Les dons pour la construction seront publiés dans un rapport spécial.)

Collecte par M. André Fournier, pasteur de Chambéry :

M. A. Fournier	40	»
M. Lucien Fournier	20	»
M. Alfred Fournier	10	»
Mme Tierry-Kœchlin	30	»
Mme Marracci	100	»
Mme et M. Buttini de la Rive	200	»
Mme Moulinié (Chambéry)	20	»
Mme Vavin —	20	»
Miss Bonfield —	5	»
Miss H. Andrews —	10	»
Mlle Ferrier (Valence)	5	»
Mme de L.-B.	10	»
Mme de L. de S.	10	»
Mme Tomline (sur 100 fr. partagés entre la construction et l'entretien de l'Asile	50	»
	530	»

Par M. le pasteur J. Orr, chapelain de l'église anglicane :

Une amie de l'œuvre	20	»

Par M. le pasteur Alf. Bœgner :

Le Sonntagsblatt de Strasbourg	5	»

Par M. le pasteur Mittendorff :

Boîte de la Semaine religieuse de Genève, en deux fois	41	»

Par M. le pasteur Lorriaux :

Miss M. F. Reid (sur 150 fr. dont 100 fr. pour l'école	50	»

Par Mme et M. le docteur Brachet d'Aix-les-Bains :

Mme Tillatson, de Londres	25	»
Lady Arbuthnot	20	»
Hon. mistress Denisson	20	»
	65	»

Par Mlle Lestrade, institutrice à Aix :

Duchesse douairière de Manchester (sur une livre st., moitié pour école)	12	50
Mme Frances Northall Laurie	20	»
Général Stuart	20	»
	52	50

Par Mme Mac-Vickars :

M. et Mme Salmon (sur 250 fr.) 100 »
M. et Mme Rivollier, de l'hôtel du Château-Durieux à Aix. 20 »
Miss Burdon Sanderson, d'Ecosse. 25 »
Anonyme. 5 »
150 »

Par lady Whalley :

Mme Haggerty. 100 »

Par Mlle Emilie Barde de Genève :

Mme William Pictet. 10 »
Mme Serre (Vandœuvres). 20 »
Mlle Em. Barde. 40 »
70 »

Par Mlle Lochmann, de Lausanne :

Quelques personnes de Colombier (Neuchâtel), par Mme veuve Claudon-Junod. 30 »
Mme Henri Monneron, de Lausanne. 5 »
35 »

Par Mlle Marie Brechbütl, de Genève :

Mme Micheli-Revillod, de Genève. 25 »
(Deuxième don, 25 fr. pour la bibliothèque).

Par Mme Stengelin, de Lyon :

Mlle .... de Lyon. 2 50
(sur 5 fr. dont 2 fr, 50 pour la mission intérieure.

Par la direction de l'Asile :

M. le major Rodd, d'Angleterre. 5 »
M. et Mme Paul Westercamp de Wissembourg. 25 »
M. Lefort-Naville, de Genève 20 »
Mlle Julich. 10 »
Mlle Ansermoz. 10 »
Mme Thabor. 6 »
M. Crausaz. 5 »
Mme Auguste Dollfus, du Hâvre. 50 »
Mme Schlumberger. 10 »
M. le pasteur Noyer d'Annecy 6 »
M. E. Nyegaard, candidat au saint ministère, de Saint-Quentin. 5 »
Mme Morin, de Genève. 10 »
Mme Kiener-Noblot, d'Alsace 10 »
Mme Brylinski-Noblot. 10 »
Mme Le Febvre, de Paris. 5 »
M. et Mme Gustave Pictet, de Genève. 20 »
M. et Mme Arthur Mallet, de Paris. 20 »
Mme John de Fernex, de Turin. 20 »
Mme Gust. de Fernex, de Turin. 10 »
Mlle Blanc, de Milan. 5 »
Mme van Eeckout, de Lyon. 5 »
Mme de Pourtalès, Cannes. 100 »
H. Ls., de Suède. 5 »
M. et Mme Adrien Krieg, de Genève. 20 »
Mme Bernard-Chaix. 5 »
M. et Mme Cazalis de Fondouce, de Montpellier. 10 »
Mme veuve Wateau, de Paris 10 »
Mme Eskens Burnes, de Londres. 40 »
Miss Tony. 5 »
M. S. Craponne, de Turin. 20 »
Mmes Mackenzie, d'Edimbourg. 40 »
M. Frank Beaumont, de Genève. 5 »
Mme Pilet, de Genève. 3 »
Sœur Irma de Büren, diaconesse, Suisse. 5 »
Miss Armstrong, d'Irlande. 18 »
M. et Mme Gros, de Dardgny 2 »
M. et Mme Brechbühl, de Genève. 10 »
Mlle Marie Brechbühl, de Genève. 10 »
Mme Charles Pfender, de Paris. 100 »
Mlle Voss, d'Elberfeld. 10 »
Mlle Eschrick, de Paris. 5 »
Mme Forster, de Genève. 20 »
Sœur Lina Bourquin, diaconesse, de Turin. 10 »
Mlle Elisa Bourquin. 10 »
M. Burki, de Genève. 3 »
M. Lavanchy, de Lausanne. 25 »
M. Fr. Champrenaud — . 20 »
Mme Demoulin, de Saint-Quentin. 8 »
Mme Jullien, d'Orpierre. 5 »
Mlle Brunet, de Chambéry. 14 »
Mlle Marie Zwahlen. 5 »
Une dame âgée. 15 »
Troncs de l'Asile. 51 30
873 30

Par MM. D. Matheson et Hor. Noël :

FOREIGN EVANGELIZATION SOCIETY. 250 »

Par Rd Dr Hamilton Mac Gill :

UNION PRESBYTERIAN MISSION (sur l. 30 dont 4 pour l'école 650 »

RÉSUMÉ DES COMPTES POUR L'ANNÉE 1877

Recettes

Contributions des malades....................................... ...	2,299	»
Dons et souscriptions...	2,919	30
	5,218	30

Dépenses

Nourriture	2,385	50
Cures, pharmacie...	716	95
Service	582	»
Matériel..	334	70
Loyer, impôts, assurances..................................	1,050	80
Bibliothèque..	47	50
Frais divers, correspondances, imprimés	257	25
Déficit de 1876...............	6	24
Total des dépenses..................	5,382	94
Total des recettes	5,218	30
Déficit présent	164	64

Aix-les-Bains. — Typographie et lithographie A. Gérente.

Gérante

ASILE ÉVANGÉLIQUE

D'AIX-LES-BAINS

Temple, école, infirmerie.

Les dons peuvent être adressés à Paris : M. Alfred André, anc. député de la Seine, 49, rue Abattuci ; — à Lyon : M. R. de Cazenove, 8, rue Sala ; — à Genève : M. le pasteur Mittendorff ; — à Lausanne : M. le professeur Lochmann.

QUATRIÈME RAPPORT

1878

La Saison de 1878 a été la première passée dans le bâtiment dont le dessin figure en tête de notre rapport. Cette vignette donne une idée assez approximative, mais plutôt désavantageuse, de notre bel édifice, dont il serait difficile d'ailleurs de rendre, même en peinture, la magnifique situation.

Il était plus que temps de changer d'installation. Le nombre des personnes admises à l'Asile s'est élevé du chiffre 48 en 1877 au chiffre 98 en 1878.

La part des malades étrangers a été considérable cette année : sur 98 personnes admises, nous ne comptons que 38 français. Le reste se répartit comme suit entre cinq nationalités : 46 Suisses,

7 Anglais, 4 Italiens, 2 Allemands, 1 Russe. Il y a eu 62 femmes et 36 hommes. Nous n'avons pas compté moins de 15 catholiques, et nous serions aisément envahis par cet élément, si nous n'étions résolus à y opposer sinon une barrière, au moins un tourniquet restrictif. Sans refuser l'entrée aux catholiques qui nous sont recommandés, surtout quand nous avons de la place, nous avons à nous souvenir que notre Asile est spécialement protestant et qu'il existe un hôpital catholique à Aix.

Nous avons eu sept malades admis avec gratuité absolue (y compris même les portages) soit 202 journées gratuites sur 2758. Reste donc 2556 journées payantes.

Nous en sommes à nous demander si nous ne serons pas débordés bien plutôt que nous n'aurions pensé et si nos 25 lits (ils pourront facilement s'élever à 30) vont suffire à recevoir notre clientèle d'infortunés.

En tous cas, pour perdre le moins de temps et de place possible, nous avons eu l'idée approuvée par nos médecins, de diviser nos cinq mois d'exercice par séries de 25 jours (durée moyenne des cures, y compris les repos) et d'inscrire ainsi nos malades par fournées régulières.

Ceux qui voudront choisir leur moment pour faire leur cure dans l'Asile devront s'y prendre à l'avance et retenir leur place. Quelques lits seront pourtant laissés en réserve pour les cas urgents d'admission ou de prolongation de la cure d'eaux. Nous pourrions ainsi, dès cette année, s'il plaît à Dieu, soigner environ 150 malades du 15 mai au 15 octobre, ce qui est bien quelque chose.

A mesure que les demandes seront plus nombreuses, nous devrons être de plus en plus stricts pour l'admission. La préférence devra toujours être donnée aux plus malades et aux plus pauvres.

On sait que notre Asile s'ouvre aussi à des malades qui ne prennent pas les eaux, à condition qu'il ne s'agisse point de maladies contagieuses. Le propriétaire du grand hôtel de l'Europe, M. Bernascon, nous a confié et recommandé avec une sollicitude vraiment paternelle un de ses serviteurs tombé malade chez lui, et auquel nos soins ont été utiles. Nous répétons que nous serons toujours heureux de rendre service à MM. les maîtres d'hôtel, quand nous le pourrons.

Nous ne doutons pas que le caractère de notre œuvre ne soit apprécié à mesure qu'on la connaîtra davantage. Elle a reçu les marques d'estime les plus honorables. Elle rencontre une facilité croissante dans ses rapports avec l'administration et avec les particuliers.

Le très-intelligent maire d'Aix, M. Mottet, qui est en même temps propriétaire des eaux de MARLIOZ, a eu la bienveillance d'octroyer la demi-gratuité de ces eaux aux malades de notre Asile qui pourront en avoir besoin. Les eaux sulfureuses de MARLIOZ, dont la renommée grandit chaque jour, sont administrées dans un bel établissement au milieu d'un parc qui fait les délices des baigneurs d'Aix, n'étant éloigné que de 10 minutes de la ville. Elles s'appliquent spécialement aux affections de la gorge et des bronches, maladies fréquentes chez les pasteurs et instituteurs.

Ceux-ci peuvent dès lors ne pas se priver de soins que leur rendent souvent impossibles les frais ordinaires d'une cure d'eaux.

Nous n'avons pas à faire ressortir les avantages qu'offre notre Asile aux malades qui ne pourraient venir à Aix s'ils devaient aller dans un hôtel ou une pension. Ces avantages sont tels qu'ils surprennent même les plus pauvres quand ils voient les choses de près. Aussi ne devons-nous pas craindre une légère augmentation de prix, non pas seulement pour nous préserver contre les déficits possibles, mais pour parer à une difficulté actuelle : la dette de la construction.

Le prix de la pension était fixé à 2 francs pour les chambres communes et à 3 francs pour les quatre chambres particulières ; mais cette fixité de la règle cache une inégalité qui n'est pas sans exciter parfois quelque jalousie, les chambres n'étant ni au même étage ni à la même exposition. Nous ferons une légère différence de prix, ne serait-ce que de 0,25 centimes entre les chambres communes. La caisse y gagnera en même temps que l'égalité relative, sans que nous chargions trop la contribution qui doit rester à la portée des pauvres.

En outre, il nous arrive de voir des malades se faire admettre, retenir leur chambre, puis ne pas venir et empêcher d'autres arrangements. Nous allons établir une légère taxe d'inscription qui restera toujours acquise à l'Asile. Ces simples mesures qui ont été approuvées par des amis marquants de notre œuvre, nous permettront peut-être d'obtenir à la fin de l'exercice (à condition que les dons qui entrent pour moitié dans nos recettes se soutiennent) un excédant... Nous pourrons l'appliquer à l'extinction de la dette qui pèse sur la construction et qui s'élève à environ 19,000 fr. Cela ne nous empêchera pas, bien entendu, d'accorder comme on l'a vu la gratuité complète quand les circonstances nous en ferons un devoir.

Pour la saison de 1878, quoique nos dépenses aient doublé en même temps que le nombre de nos malades, nous rendons grâce à Dieu d'avoir pu trouver assez de souscripteurs et d'amis pour boucler nos comptes par un excédant de recettes, même en comblant le déficit de l'année dernière et en constituant une petite caisse de réserve pour les réparations du bâtiment. (Voir le résumé des comptes). Nous ne pouvons qu'en féliciter la directrice, Madame Fournier. Sans renoncer sans doute à étudier et améliorer encore l'administration qu'elle a dû organiser sur un pied nouveau dans l'installation nouvelle, elle doit être encouragée par le succès de cette année.

Le *côté médical* de l'œuvre n'a pas été moins satisfaisant que le côté pécuniaire.

Les deux médecins attachés à l'Asile, MM. les docteurs Brachet et Blanc ont vu leur zèle récompensé par des cures vraiment admirables et qui remplissaient d'aise tous ceux qui s'occupent de l'Asile depuis les serviteurs jusqu'à la direction. Trois malades arrivés tout à fait impotents et pouvant à peine se traîner, nous ont laissé leurs béquilles dont nous pourrions faire des trophées si nous n'en trouvions un meilleur emploi. La plupart ont été soulagés quand ils n'ont pas été guéris. Il y aurait tout un rapport médical à faire sur les cas très-divers auxquels les eaux d'Aix ont été appliquées avec succès. Il est probable que nos médecins publieront leurs observations à ce sujet, à mesure que le service médical de l'Asile prendra plus d'importance. M. le docteur Brachet en particulier aurait à nous signaler la guérison merveilleuse d'une arthrite des plus graves.

Enfin le *côté spirituel*, sans atteindre l'idéal (à quoi l'on ne s'attend guère), nous a pourtant donné aussi de sérieuses satisfactions. A part deux ou trois exceptions, nous n'avons qu'à nous féliciter de la tenue et de la conduite de nos malades. Beaucoup d'entre eux sont devenus de vrais amis qui ont éprouvé le désir de rester en correspondance avec le pasteur ou la directrice. Plusieurs de nos hôtes (sans parler de trois pasteurs et un évangéliste) ont été en édification par leurs sentiments pieux. D'autres arrivés chez nous dans des dispositions toutes différentes ont commencé à envisager la religion sous un aspect plus bienveillant en la voyant mettre en pratique sans apparat, sans bigotisme et surtout sans tracasseries. Ceux qui sont disposés à entendre parler de l'Évangile de Jésus-Christ nous trouvent toujours prêts à leur fournir l'occasion de le connaître ou de s'en nourrir. Ceux qui n'en veulent pas, n'en subissent aucun ennui et sont soignés à l'égal de tous.

Le culte de famille de l'Asile a été généralement fréquenté par les malades très-spontanément. Il a eu lieu une partie de la saison le dimanche et le jeudi soir dans la chapelle : mais à l'ordinaire, c'est dans le parloir qu'il se tient. Ce service avec chant de cantiques est accessible aux baigneurs du dehors. Il y a eu parfois salle comble, et des assistants de marque, des pasteurs distingués ont quelquefois suppléé dans ce service quotidien. M. Fournier, qui, chargé du culte à Aix pendant la saison, se trouve spécialement l'aumônier de l'Asile évangélique auquel il consacre beaucoup de temps, comme on peut bien l'attendre du fondateur de l'œuvre. — Ces réunions du soir ont laissé des souvenirs si doux et si fraternels que certains amis, quoique étrangers à l'Asile, nous en ont écrit depuis leur départ. Parmi les lettres qui nous ont le plus touché, nous voudrions parler de celles d'un jeune Suisse qui nourrit dans son cœur le souvenir béni de l'Asile où il n'a pourtant pas habité, n'en ayant pas besoin. « Combien de fois, nous écrivait-il cet été, dans les intervalles du travail, appuyé sur ma charrue, je me suis reporté par le souvenir à ces bons moments passés à vos réunions fraternelles du soir! » Et cet hiver encore pendant les longs repos forcés, tandis que la neige couvrait la montagne et la vallée, son cœur le reportait à Aix où il s'était fait du bien. « Installé près du fourneau bien chauffé, et du rouet de la grand-mère qui bourdonnait » à côté de lui, il venait s'entretenir avec le pasteur de l'Asile d'Aix.

Ces détails peuvent paraître inutiles : ils donnent pourtant une idée du rôle que remplit notre Asile, du bien qu'il permet de faire à l'extérieur comme à l'intérieur. Et nous ne pouvons pas tout dire, car l'Asile, dans cette ville d'Aix si animée pendant quelques mois de l'année, devient un centre d'informations très-diverses et de petits services de toutes sortes rendus à des coreligionnaires qui se tournent naturellement vers lui comme vers un ami rencontré loin de chez soi. Aussi pour résumer nos impressions et clore ce rapport que certains trouveront peut-être trop long, mais que d'autres désireraient encore plus circonstancié, nous dirons que nous n'avons réellement qu'un vœu à former : c'est que l'œuvre continue d'avancer dans la même voie et dans la même progression, sous la bénédiction de Dieu.

E. LOUITZ,
Pasteur à Grenoble, Président du Consistoire de Mens.

ROBERT HOWIE,
Pasteur. Président du Comité de Glasgow.

A. FOURNIER,
Pasteur à Chambéry et Aix-les-Bains.

DONS ET SOUSCRIPTIONS POUR L'ENTRETIEN

Par M. André Fournier, pasteur de Chambéry et d'Aix :

M. A. Fournier, pasteur....	50	»
M. Passemard, lieutenant de vaisseau (Martinique)....	50	»
Mme Espérandieu (Nîmes)...	5	»
Mlle Ferrier (Valence)......	5	»
Mme Maracci...........	100	»
Mme Buttini de la Rive.....	200	»
Lady Carmichael..........	60	»
M. et Mme Vialla (Grenoble) (sur 20 fr.)............	10	»
Miss Bonfield............	5	»
Miss Andrews............	60	»
M. et Mme Alfred André....	20	»
M. et Mme W. de Luc de Snarcens................	40	»
Mme Edouard Ador (sur 100 f. dont 50 pour école)	50	»
	655	»

Par le Rd prof. Chalmers :

Collecte au culte anglais presbytérien................	32	10
Miss Bowra..............	20	»
Miss Maréchaux...........	5	»
	57	10
Collecte au culte anglais presbytérien (13 octobre).....	22	25

par Rd Galbraith :

M. John Fraser (Edimburgh)	125	60
Rd Galbraith.............	50	»
MM Goodbody............	20	»
M. et Mme Sinclair.........	50	»
	345	60

Par M. Pfender, pasteur suffragant :

M. J. Pfender, pasteur.	10	»
Mme Moulinié..............	20	»
Mme Bouvier Monod........	5	»
	35	»

Par M. Noyer, pasteur d'Annecy :

Mme la baronne de Grenaud	10	»
M A. Noyer, pasteur.......	5	»
	15	»
Quête faite à l'église anglaise (rue du Temple à Aix) par le Rd Dr Forbes, de Paris, le 30 mai 1878..	50	»

Par Sir Samuel Whalley et Lady Whalley :

Sir Samuel Whalley........	20	»
Lady X..................	20	»
	40	»

Par M. le pasteur Lorriaux :

Miss F. Reid (Belfast) sur 125 f. dont 75 pour école	50	»

Par M. le docteur Brachet :

Mrs Tomline	100	»
Mrs Balfour	20	»
Mrs Honeywood	40	»
Miss Grant	40	»
Mrs Tillotson	25	»
M. le comte Strogonoff	100	»
	325	»

Par Mlle Lestrade, institutrice :

Mrs Macpherson	20	»
Mrs Walker	20	»
Misses XXX (Cornwall)	10	»
Mme Bonnet (Paris)	20	»
	70	

Par Mrs Mac Vickars :

Mrs Mac Vickars	12	50
M. Latchmore (Northampton)	40	»
M. Oats (Glasgow)	25	»
Free South Mission School	75	»
Boîte de collecte	45	»
	197	50

Par Mrs D. Dalrymple :

Mrs D. Dalrymple	100	»
Mrs Kimaid	25	»
Miss Mendetth	12	50
M. St A. Barclay	20	»
M. John W. Towler	20	»
M. Dundlerould	20	»
Miss Bowill	20	»
Mme Nuir	20	»
M. P.-N. Russell, esq	20	»
Hble Mrs Trotter	20	»
Miss Trotter	10	»
M. A.-B. Mount	10	»
Mme A. Dasher	10	»
M. Canon Magretth	10	»
Mme Stockwell	5	»
A. Lady	5	»
Mme Bowill	20	»
	347	50

Par Mlle Heller :

Mme Paine	125	»

Par Mlles Rolland (Genève) :

Mlle Rolland	30	»
M. et Mme Baillif	10	»
	40	»

Par Mme Plojoux, de Genève :

Mme P.	20	»
Mlle R. P.	5	»
Mme André	1	»
Mlle Bréchet	2	»
Mlle E. P.	5	»
Mme Butin	2	»
Mme Cottier	5	»
M. Gueisbühler	2	»
	42	»

Par Mme Walker.

M. Francis R. Prieto	100	»
Collonel Collyer	10	»
	110	»

Reçu à l'Asile par la Direction :

M. Berthollet (sur 40 fr.)	20	»
Mme Serre (sur 20 fr.)	10	»
M. et Mme Agénor Boissier (sur 100 fr.)	50	»
Mlle E. Barde (sur 40 fr.)	20	»
Mme Diodati-Eynard	20	»
Mme Culling-Hambury	20	»
Miss Patteson	20	»
M. et Mme Alex. Lombard (de Genève) sur 50 fr.	30	»
Mme Pajet	10	»
M. Thomas Griffitis	20	»
Mlle Julich	10	»
Mlle Ansermoz	10	»
Mlle Eschriek	10	»
Mme et M. Gambefort, pasteur président	10	»
M. Rosnoblet	5	»
Rd Burn-Murdoch (sur 30 fr.)	15	»
M. J.-D. Garde	10	»
M. Harrisson and friend	10	»
Mlle Sandoz (Lausanne)	30	»
Mme Henny	10	»
Mme But	25	»
M. Finnaz	2	»
Mme Pater	1	»
Mme Gaspari (Strasbourg)	20	»
Miss Vesy Fitzgerald	14	»
Mme Lefroy	50	»
Lady Montgomery	5	»
M. Adert (Nîmes)	5	»
Mlle Blondel (Genève)	10	»
Rd M. Paynter	40	»
Miss Sunesden	10	»
M. Olivet	5	»
Mme Février (Rouen)	10	»
M. Hoyes (Edimburgh)	10	»
Mlle Bourdain	5	»
M. Miéville	5	60
M. et Mme Vignier (Genève)	20	»
Mme Butin (Genève)	10	»
Mlle Moser	5	»
M. Crauzaz	2	40
Mme Gay	3	20
Mme Forster	10	»
Mme Flammger	10	»

Mme Rullière	5	»
Mme Davier	5	60
M. Lavanchy	12	»
M. Burki	2	»
Mme Gervais	5	»
M. et Mme Arthur Mallet	50	»
M. Emmanuel Champdavoine	10	»
Mme Seemann	5	»
M. Fr. Lombard (Genève)	20	»
Mlle Lecoq	10	»
A. D	20	»
M. le prof. Segond (sur 40 fr.)	20	»
Mlle Franck	10	»
Miss Dove	25	»
Mlle Vionnet	4	»
Mme A.-E. Rolland (Ecosse)	20	»
Mme Sturges Meek	20	»
Mlle Combremont	1	40
M. Alexis Lombard (Genève)	100	»
Mme Lasserre (Valence)	20	»
Mme Mark Patteson	20	»
M. Pannel (Torquay)	20	»
Miss M.	5	»
Mlle Bœttcher	10	»
M. Edward Lloyd	20	»
Miss Senhouse (Nice)	10	»
Lady Maria Forester	20	»
M. Bono	10	»
R[d] W. Fowle (England)	10	»
M. Albert Pictet	10	»
M. Lambercy	3	»

Mme Alfred Huber (Paris)	5	»
M. Chapman 5 fr. pour bib.	15	»
M. R[d] Rey (Genève) sur 30 f. dont 15 pour école	15	»
Mme Newton	20	»
Miss Sansom	20	»
M. de Quatrefages	25	»
Mlle Decologny	5	20
Mme Debize	2	»
Mme Stehelin-Scheurer (Alsace)	10	»
Mlle Lochmann	31	»
Miss Louisa Pemberton	20	»
M. Ernest Favre (Genève)	40	»
Miss Margaret Done	25	»
Miss X	20	»
Mme Elmslie	20	»
Miss J. Anstruther (Thomson)	20	»
Colonel Montgomerie Nelson (Ecosse)	5	»
Miss Fox	20	»
Miss Morse	20	»
M. J. Robert	5	»
R[d] et Mme L.-M. Hogg	20	»
Une amie de l'œuvre	20	»
Mlle Marie Zwahlen, garde-m.	20	»
	1584	40
Tronc de l'asile	72	35
Tronc de la chapelle	110	70

RÉSUMÉ DES COMPTES POUR L'ANNEE 1878

Recettes

Contributions des malades	4.414	10
Dons et souscriptions	4.194	30
	8.608	40

Dépenses

Nourriture (et combustible)	5.917	35
Cures (pharmacie, portages gratuits, etc.)	359	»
Service (et blanchissage)	917	30
Eclairage (y compris celui de la chapelle)	129	95
Entretien (extérieur et intérieur)	370	20
Matériel	218	70
Impôts, assurance	113	15
Bibliothèque	44	15
Frais divers (impressions de Rapports, circulaires, affiches, correspondance)	365	90
	8.435	70

Total des recettes	8.608	40
Total des dépenses	8.435	70
	172	70
Déficit de 1877	164	64
Reste en caisse	8	06

CONDITIONS D'ADMISSION

A L'ASILE ÉVANGÉLIQUE

1° *Être recommandé par une personne connue;*

2° *Avoir un certificat du médecin qui ordonne les eaux d'Aix.* (On peut en être dispensé, mais c'est une garantie contre un voyage et une inscription inutiles).

3° *Fournir un certificat du Maire de la commune où l'on réside, constatant que l'on n'est pas à même de payer les eaux d'Aix.* (Ce certificat est de rigueur pour obtenir la gratuité des eaux. On n'en dispense que les instituteurs, les institutrices et leurs familles, ainsi que les pasteurs qui concourent au service religieux).

4° *Payer en entrant la pension de 2 à 3 fr. par jour selon la chambre choisie.* (Tous frais compris : logement, nourriture, médecins, médicaments, eaux, sauf le blanchissage *personnel* et les porteurs, s'il en faut.)

5° *Payer, en se faisant inscrire, un droit d'entrée de 10 fr.*, destiné tant à éviter les inscriptions inconsidérées qu'à contribuer à l'extinction de la dette qui pèse sur la construction.

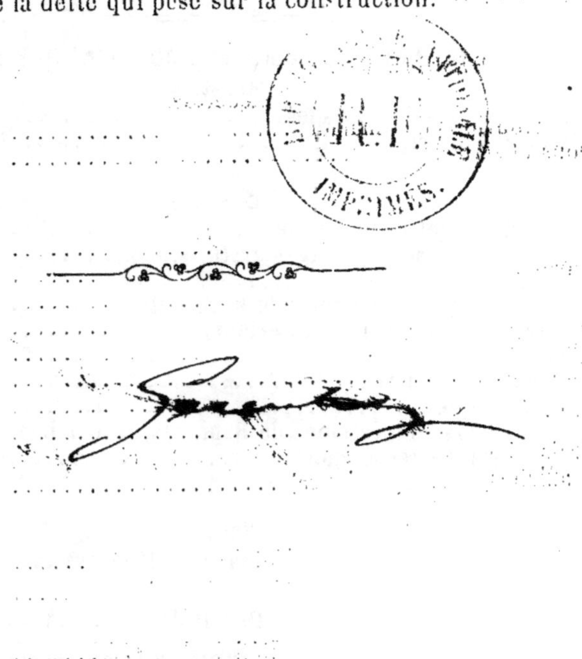

Aix-les-Bains — Imp., lith. GERENTE

ASILE ÉVANGÉLIQUE

D'AIX-LES-BAINS

Les dons peuvent être adressés à Paris : M. Alfred André, ancien député de la Seine, 49, rue Abattucci ; à Lyon : M. R. de Cazenove, 8, rue Sala; à Genève : M. le pasteur Mittendorff; — à Lausanne : M. le professeur Lochmann.

CINQUIÈME RAPPORT

1879

Au risque de nous répéter, il nous faut dire que le progrès de notre œuvre s'est encore accéléré pendant la Saison de 1879. Nous devons même avouer que si le mouvement ascendant du nombre de nos malades continuait toujours dans la proportion de nos cinq premières années, nous finirions par être embarrassés du succès.

En attendant, nous prenons nos mesures pour la Saison qui va s'ouvrir. Nous élargissons l'infirmerie en transférant l'école en dehors de l'Asile.

Plusieurs raisons nous conviaient à ce changement qui arrange tout le monde : les parents, l'institutrice et l'infirmerie. Celle-ci doit être isolée ; l'expérience nous l'a appris.

Grâce à cette modification nous pourrons disposer désormais d'une trentaine de lits au moins. Cela représentera 180 malades soignés chaque année, en supposant que l'Asile soit rempli toute la saison et que chaque malade y passe 25 jours.

Mais sur ce pied-là il y aura sans doute du vide pendant un ou deux ans ; nous désirons que ce vide se rencontre surtout au milieu de l'été. Par là, nous donnerons satisfaction à la Direction de l'Etablissement thermal qui nous a invités à ralentir notre activité hospitalière au moment le plus encombré de la Saison.

Cette recommandation est motivée par le fait que la partie de l'Etablissement thermal où se donnaient les bains gratuits est en reconstruction pour être agrandie.

L'Administration des Eaux, du haut en bas de sa hiérarchie, se montre assez bienveillante envers nos malades pour que nous nous efforcions de faciliter sa tâche autant qu'il dépend de nous. Donc, bien que le plus gros de l'embarras ne puisse venir de nos 25 à 30 malades, nous recommandons à ceux-ci d'éviter d'entrer à l'Asile pendant les mois de Juillet et Août, s'ils peuvent venir à un autre moment de l'été.

Pendant la Saison de 1879, nous avons admis à l'Asile 127 personnes. Il convient de dire qu'un certain nombre d'entre elles n'ont pas fait de cure d'eaux et ont été admises soit accidentellement pour une opération ou un cas spécial, soit en passage et pour quelque motif particulier tel que la protection à accorder à une jeune personne isolée ou l'hospitalité légitime donnée à quelque ouvrier de l'église.

Nos 127 admissions reviennent à 3245 journées de présence dont 353 ont été absolument gratuites. Des malades tout à fait dépourvus de ressources nous ont même occasionné des dépenses extérieures.

Nos hôtes se distribuent entre les nationalités suivantes: 55 Suisses (dont 31 Vaudois et 24 Genevois) ; 52 Français ou Alsaciens ; 11 Anglais ; 6 Italiens (Vaudois du Piémont) ; 2 Allemands ; 1 Suédois. — 18 étaient catholiques.

Il n'est pas sans intérêt de pousser notre statistique jusqu'à indiquer la profession de nos pensionnaires, car il en ressort clairement que notre Asile ne s'écarte pas de son but de bienfaisance.

Sur 127 personnes, nous comptons : 33 ouvriers d'industrie ; 20 domestiques ; 15 agriculteurs ; 18 instituteurs, institutrices, diaconesses, etc. ; 22 pasteurs, missionnaires, évangélistes ou membres de leurs familles ; 12 employés divers ; 8 enfants ou jeunes gens.

Il est des cas où nous avons été particulièrement heureux de pouvoir offrir asile à des serviteurs de l'Évangile : ainsi une famille de missionnaires de l'*Eglise établie d'Angleterre* revenait des Indes et s'arrêtait à Aix ; deux de ses membres avaient besoin des Eaux, mais il s'agissait de savoir si leurs moyens leur permettraient de séjourner à Aix assez longtemps pour une cure. On les a adressés à notre Asile et les dignes missionnaires fraternellement accueillis chez nous ont vu là un exaucement de leurs anxieuses prières, surtout quand ils ont pu constater l'excellent effet de leur cure.

Au point de vue médical nous aurions à enregistrer d'autres succès, car il est rare que les Eaux d'Aix ne produisent aucun résultat et il arrive fréquemment que ce résultat dépasse l'attente des malades eux-mêmes, sinon des médecins.

Nous devons signaler par exemple un cas fort intéressant dans lequel M. le docteur Brachet combinant la cure d'Aix avec celle de Marlioz a remis sur pied une pauvre jeune ouvrière dont le travail était bien nécessaire à sa famille, la mère étant veuve et chargée d'enfants. Cette brave fille nous était arrivée épuisée, gravement malade de la poitrine et nous a quittés bien portante. Il est vrai que la lutte a été longue entre la maladie et le médecin : la cure a duré toute la Saison. — On ne sait pas assez, croyons-nous, qu'entre Aix et Marlioz (1), on peut obtenir des résultats de ce genre.

Un autre cas, assez rare et des plus intéressants, a été traité par M. le docteur Blanc, le second de nos dévoués médecins. C'est celui d'un ouvrier tapissier empoisonné par la manipulation constante des papiers peints et souffrant horriblement de ce qu'on appelle « les coliques de plomb. » Le cas était trop grave et le mal trop invétéré pour qu'on pût espérer tout de suite un succès complet; mais l'expérience a paru montrer que le traitement par les Eaux d'Aix, habilement dirigé, peut soulager beaucoup le malade et contribuer à l'élimination du poison.

Comme il nous arrive presque chaque année, nous avons eu la satisfaction de voir plusieurs de nos malades, tout-à-fait impotents, mettre de côté leur béquille et même leur bâton.

Ce n'est pas une mince joie pour ceux dont le travail est le seul gagne-pain. Aussi, le plus souvent leur reconnaissance éclate en paroles affectueuses envers « la maison du bon Dieu » où ils se sont fait tant de bien. Il n'est point rare, Dieu merci, de voir faire remonter cette reconnaissance non seulement aux bienfaiteurs humains de l'Asile, mais à l'Auteur suprême de « toute grâce excellente et de tout don parfait. » Nous pouvons le dire hardiment, et sans exagérer d'aucune manière notre action spirituelle, qui d'ailleurs est toujours discrètement exercée : le Dieu que nous servons dans la personne des humbles et des souffrants, recommandés par Jésus à l'affection de ses disciples, ce Dieu de paix et d'amour est quelquefois glorifié par des hommes qui avaient perdu l'habitude de penser à lui et de « l'honorer comme Dieu. »

Le bon esprit qui anime en général nos malades, le bien qu'ils reçoivent de toute manière sont la meilleure récompense de tous les serviteurs de cette œuvre, depuis les garde-malades et les domestiques bien modestement rétribués jusqu'aux directeurs qui ne touchent aucun salaire.

Les finances elles-mêmes qui sont pour tant d'œuvres une épine douloureuse sont pour nous un sujet de vive reconnaissance. La dette

(1) Nous rappelons que le propriétaire des Eaux de Marlioz (à 10 minutes d'Aix), M. Mottet, maire d'Aix-les-Bains accorde la demi-gratuité à tous les malades de l'Asile que nous lui adressons,

de la construction et du mobilier est réduite à une dizaine de mille francs (en tenant compte des dépenses nouvelles d'un complément d'installation). L'exercice de 1879 pour l'entretien annuel se boucle par un déficit relativement léger malgré les gratuités accordées et malgré le développement du budget qui dépasse 10 mille francs.

Des amis nous ont fait observer, il est vrai, qu'on ne peut considérer comme un budget complètement et régulièrement balancé celui où l'on est obligé de faire abstraction de tout appointement pour les agents principaux de l'œuvre. Mais rien n'empêche d'espérer que cette situation sera régularisée sans trop de peine le jour où il sera nécessaire de consacrer plus de dépenses aux frais de direction. Quand la dette sera couverte, les ressources appliquées à son extinction pourront se porter sur cet autre point. En attendant, par un scrupule peut-être excessif, comme on dit, mais en tout cas respectable, le membre du comité qui a fondé l'Asile et le dirige actuellement avec sa famille ne veut pas accepter de traitement, surtout alors qu'une dette pèse sur notre immeuble.

Quoiqu'il en soit, l'essentiel est que chaque année apporte les ressources nécessaires à l'entretien. Les dons qui se sont tant soit peu ralentis reprendront, il faut espérer, le niveau des besoins. Il suffit pour cela, nous en sommes assurés, d'exposer la situation aux personnes aisées qui reçoivent du bien à Aix et particulièrement à nos nombreux coreligionnaires de toutes dénominations et de toutes nationalités.

E. LOUITZ,
Pasteur à Grenoble, Président du Consistoire de Mens.

ROBERT HOWIE,
Pasteur, Président du Comité de Glasgow.

A. FOURNIER
Pasteur à Chambéry et Aix-les-Bains.

DONS ET SOUSCRIPTIONS

N. B. — Les dons pour la construction ne sont pas mentionnés ici, non plus que la somme de 1,030 fr. qui a la même destination et provient des droits d'inscription en 1879.

Par M. A. Fournier, pasteur :

M. Passemard, lieut. de vais.	50	»
Mme la princesse de Schonbourg-Waldenbourg	20	»
Colonel Kelly	20	»
M. de Coppet	20	»
Mme Moulinié (Chambéry)	20	»
Miss Bonfield (idem)	5	»
M. et Mme Bernoud (id)	10	»
M. le pasteur Fuzier	10	»
Revd Johnston	5	»
M. Perrégaux (sur 200 fr.)	50	»
M. E. Vautier	100	»
M. Agénor Boissier (sur 300 f.)	50	»
M. le professeur Bois	20	»
Mme Marracci	100	»
Mme Buttini de la Rive	50	»
M. Legrandroy	5	»
Mme la duchesse douairière de Manchester (sur 25 fr.)	12	50
M. le baron de Pré-Crassier	20	»
	567	50

Par M. le docteur Brachet :

Mme la marquise de Medici	100	»
Lady Stanley	20	»
M. Bourke	30	»
The Hon. Denisson	40	»
Miss Dove	25	»
Miss Sutton	50	»
M. de Mocata	150	»
	415	»

Par M. le docteur Blanc :

Mme Teissier	20	»
Mme Devèze	20	»
	40	»

Par M. le pasteur Mittendorff :

Boite de la Semaine religieuse de Genève	60	»

Par M. le pasteur Lorriaux, agent général de la Société Centrale :

Miss Fanny Reid (Belfast) sur 125 fr.	50	»

Par Lady Whalley :

Lady Ashton et Mme B.	40	»
Mme Haggerty	50	»
	90	»

Par Mrs Mac Vickars :

Miss Smith et Miss Morse	100	»
Miss Austen	50	»
	150	»

Par Mlle Barde :

Mme la comtesse de Pourtalès	40	»
Mlle Barde	40	»
	80	»

Par M. Fitler :

Le Consistoire de Lyon	200	»

Par la Direction :

M. Pache	5	»
Mlle Ansermoz	10	»
M. et Mme Tomline	100	»
Mme la comtesse Ashington	20	»
Mme Goudet-Henisch	20	»
Mme Buttin	20	»
M. Charles Bourrit	10	»
Collecte au culte presbytérien par le R[d] Johnston le 26 Mai	16	»
Mlle Bjorkmann	10	»
Mme Perrégaux	27	»
Mme Macpherson	30	»
Mme Cordès	20	»
Mme Cottrell-Doomer	40	»
Miss S	50	»
Collecte à l'issue d'une conférence de Mme Clarke, méd. missionnaire	34	20
Mme Clarke	50	»
Mme Serre	20	»
Tronc de la chapelle	8	40
M. Henry Darier-Rey	5	»
Mlle Blondel	10	»
Mlles Rolland	10	»
Lady A. Young	10	»
Mmes Carbonnier et du Bossey	100	»
Mme Rosnoblet	10	»
R[d] Burn-Murdoch	20	»
Mme X	40	»
Mme M.	10	»
Mme Louise de Meuron	10	»
M. Edward (Belfast)	30	»
Anonyme	50	»
Mlle Maass (1er don)	7	»
M. et Mme Koch (Hâvre)	20	»
R[d] Paynter	20	»
Mlle Lecoultre	5	»
Mme Wakker	2	»
Mme Prideaux-Fregel	25	»
M. James Kennan	20	»
Mme Vurpillot	5	»
Mme V D. M.	40	»
Capitaine Walker	5	»
Mme Northal Laurie	25	»
Mme Tamblaire	20	»
Miss Thomson	10	»
Mlle Marie Sandoz	30	»

M Théodore Morin	10	»
M. et Mme Frank Lombard	40	»
Mme Thomson	5	»
M. et Mme Larpin	5	»
Mlle Gras	10	»
Mme Chalaye	12	75
M et Mme Coussinet	10	»
Mme Roch	0	65
Mme la barne de Grenaud (Rumilly)	10	»
M. Ernest Rayroux, pasteur	15	»
Mme Lemerre (Hâvre)	20	»
M. et Mme Carle Félix Burckardt	40	»
Mme et Mlle Arnaud	20	»
E. S. (Vesoul)	50	»
M. Pfender, pasteur	10	»
M. Henri Pellet	5	»
Mlle Marie Ott	5	»
Mme de Loriol (Lyon)	30	»
M. le professeur Segond	22	»
Mlle Maas (2e don)	30	»
Mlle Decollogny	6	»
Mme Lavanchy	3	50
Mme Perrin	3	50
Mlle Berthet	6	10
Mme Chaubert	2	50
Miss Dove	25	»
Miss Dunlop	10	»
Mme Serre	10	»
M. Roger (Nimes) sur 60 fr.	20	»
M. Lasserre, past. (Valence)	20	»
Mme Pater	5	»
Mme Monnet (Vevey)	10	»
M. Arthur Fraser	50	»
M. Salles	4	»
Mlle Sewer	3	»
Lady Carmichaël	20	»
Miss Sansom	20	»
M. Samuel Finnaz	1	»
M. Dériaz	3	20
Mme et Rd Fraser	10	»
M. Hargreaves	10	»
M. L.	2	»
Mme Woodrofft	20	»
Miss E Warren	10	»
Miss A. A. Warren	10	»
Tronc de l'Asile	21	70
Amendes volontaire p. taches	12	95
Anonyme	20	»
	1.809	45

DONS EN NATURE

M. John Brown, esq. (Glasgow) : caisses de corn flour.
Mme la comtesse Schouvaloff : vêtements.
Mme Plojoux : livres.

RÉSUMÉ DES COMPTES

POUR L'EXERCICE DE 1879.

RECETTES

Dons et souscriptions	3,461 95
Pensions	6,721 55
Diverses (y compris en caisse de 8,05 en 1879)	47 15
Total des recettes	10.230 65

DÉPENSES

Nourriture	6,857 70
Cures (pharmacie, etc.)	513 20
Service	1,399 60
Eclairage (y compris la chapelle)	307 70
Réparations et blanchissages	461 20
Mobilier	279 95
Frais divers, (impots, rapports, imprimés, correspondances, frais de bureau)	538 30
Total des dépenses	10,357 65
Total des recettes	10,230 65
Deficit en 1879	127 00

CONDITIONS D'ADMISSION

A L'ASILE ÉVANGÉLIQUE

1° Etre recommandé par une personne connue.

2° Avoir un certificat du médecin qui aura jugé les eaux d'Aix-les-Bains nécessaires.

3° Etre muni d'un certificat *signé du maire de la commune où l'on réside,* constatant formellement *que l'on est point à même de payer les eaux d'Aix-les-Bains.*

Cette condition est indispensable pour obtenir la gratuité des eaux, et d'ailleurs l'Asile est rigoureusement réservé aux nécessiteux. Une exception peut être faite pour des pasteurs concourant au service religieux, pour des instituteurs ou institutrices et leurs familles ; une chambre est réservée pour ces cas.

4° Payer 2 francs par jour et d'avance, tous frais compris, excepté le blanchissage personnel.

5° *Payer, en se faisant inscrire, un droit d'entrée de* 10 *fr.*, destiné tant à éviter les inscriptions inconsidérées qu'à contribuer à l'extinction de la dette qui pèse sur la construction.

Aix-les-Bains, imp. Gérente.

ASILE ÉVANGÉLIQUE

D'AIX-LES-BAINS

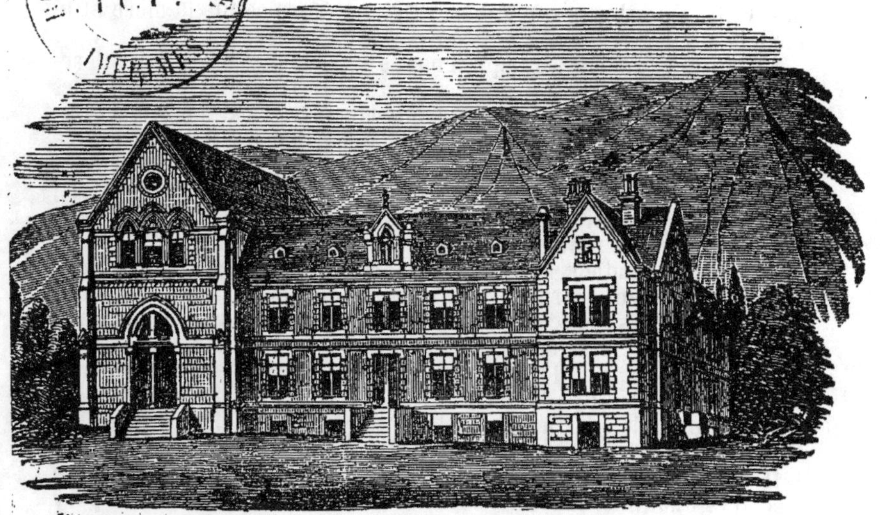

Les dons peuvent être adressés : à Paris, M. Alfred André, ancien député de la Seine, 47, rue Abatucci ; à Lyon : M. R de Cazenove, 8, rue Sala; à Lyon : M. le pasteur E. Oberkampff, 69, avenue de Saxe ; à Genève : M. le pasteur Mittendorff, à Lausanne : M. le professeur Lochmann.

SIXIÈME RAPPORT

1880

Saison bien remplie, bien laborieuse et bénie de toutes manières.

Elle a débuté plus tôt qu'à l'ordinaire, le 10 mai au lieu du 15, pour faire place, entre la première et la deuxième série de nos malades, à vingt-trois personnes bien portantes (nous comptions sur un plus grand nombre) qui devaient y passer trois jours. Voici comment :

Le *Synode officieux de la XXe Circonscription de l'Eglise réformée*, réuni à Grenoble en 1879, sous la présidence de M. Louitz, avait décidé, sur l'invitation de M. Fournier, qu'il s'assemblerait à Aix-les-Bains en 1880. — C'est ainsi que les 9, 10 et 11 juin, cette assemblée (bien nouvelle dans le pays où l'Asile est lui-même très-neuf et le protestantisme pas bien vieux), se trouvait réunie sous notre toit hospitalier. Le Pasteur de Chambéry et Aix-les-Bains en a été nommé président, et c'était un nouvel honneur pour la paroisse comme pour l'Asile.

Les séances ayant lieu dans la chapelle contiguë, le Synode se réunissait sans fatigue ni perte de temps. La vie en commun pendant trois jours a donné à cette assemblée ecclésiastique un cachet très-particulier de travail soutenu et facile, ainsi que de cordialité joyeuse. Il a éveillé une certaine curiosité dans son entourage où il aura donné quelque idée de l'organisation démocratique et laïque des Eglises presbytériennes dont l'Eglise réformée fut la mère et le modèle.

Le temps gagné sur les déplacements et les dérangements, que partout ailleurs une assemblée pareille doit subir, a été employé à des distractions en corps : visite à l'Etablissement thermal, largement ouvert pour nous à une heure où d'ordinaire il se ferme ; visite à la source des riches et bienfaisantes Eaux d'Aix, aux remarquables Grottes que l'Administration a gracieusement fait illuminer à notre intention ; course sur le lac du Bourget que chanta Lamartine, et à l'Abbaye de Haute-Combe qui renferme les tombeaux magnifiques des princes de Savoie ; repas d'adieux auquel ont bien voulu assister M. le Directeur de l'Etablissement thermal et nos chers médecins de l'Asile. Tels sont les délassements dont le Synode a pu entrecouper ses travaux sans aucunement les négliger, et sans oublier non plus ce qui était dû au public extérieur, car il a fait donner par deux de ses membres quatre conférences à Aix et à Chambéry.

Nous nous plaisons à relater brièvement ces détails parce qu'ils sont un précieux souvenir pour notre Asile.

Il nous faut dire aussi que le Synode a bien voulu, par un vote spécial et unanime, exprimer la satisfaction de tous ses membres pour l'hospitalité très-simple mais très-chaleureuse qui leur a été donnée à l'Asile. Le Synode a également manifesté sa haute approbation pour l'aménagement, l'organisation, l'administration et le service de notre œuvre de bienfaisance.

Ce témoignage si autorisé est très-précieux pour tout le personnel ; car tous les employés de l'Asile l'aiment réellement et le servent avec joie.

En contribuant à faire connaitre davantage à nos coreligionnaires de la région une œuvre qui peut leur rendre de si grands services, le Synode aura accompli indirectement, en dehors de son mandat spécial, un bien véritable. C'est un peu sur quoi comptait le directeur-fondateur, M. Fournier, quand il prit sur lui d'inviter le Synode. Il doit s'en féliciter d'autant plus que cette excellente réclame, pour employer une expression qui s'applique d'ordinaire à des entreprises moins désintéressées, ne coûte rien ni à l'œuvre ni à lui-même. Le Synode a couvert largement ses frais d'entretien par une souscription spontanée. Il n'a été que l'occasion d'un complément de mobilier qui devait s'acquérir et qui restera.

Parlons maintenant de nos malades eux-mêmes, malades plus ou moins valides, de bon appétit en général, et plus gênés dans le mouvement des membres que dans les organes intérieurs qui sont seulement menacés. Tel est le cas de la plupart de ceux qui nous arrivent et qui ont bien raison de venir avant que leur mal ait déployé toute sa rigueur. Cependant nous avons eu cette année un plus grand nombre de cas graves. Depuis la fin de la saison, nous avons même eu le chagrin d'apprendre la mort de quatre de nos pensionnaires; non que les Eaux leur aient nui, mais leur état était trop désespéré et la cure d'Aix était une tentative suprême. L'un d'entre eux en particulier, un enfant de 15 ans, jeune ouvrier mineur qui nous a été envoyé de la Creuse pour une coxalgie, n'eût pu être sauvé que par un miracle. Pendant trois mois, aidé de la garde-malade qui s'est épuisée en veilles, et successivement de tout le personnel qui a dû s'y employer, M. le docteur Brachet a lutté avec tout son dévouement et son talent, mais avec moins de succès qu'en d'autres cures, contre la décomposition d'un pauvre petit corps que l'on voyait bien perdu, mais pour lequel on voulait tout tenter. A défaut du salut physique, nous croyons qu'un grand bien moral comme un grand soulagement matériel a été procuré à une très-pauvre et très-digne famille d'ouvriers qu'un évangéliste charitable, avait le chagrin de ne pouvoir aider selon son cœur.

Mais le côté médical de notre œuvre sera plus complètement présenté par les rapports respectifs de nos médecins, à la compétence et au dévouement desquels nous avons le devoir de rendre un hommage d'autant plus mérité que leur tâche devient de plus en plus lourde d'année en année, sans qu'ils songent à demander aucune rémunération.

Nous désirons seulement signaler à l'attention de nos lecteurs leurs observations soignées et savantes. M. le docteur Blanc en présente de remarquables au sujet des rhumatismes déformants, réputés incurables. Ses patientes études ont profité en particulier à une pauvre femme de Genève qui a excité la pitié de tous nos visiteurs, car tout son corps, réduit à une immobilité presque complète était contorsionné et douloureusement tourmenté par le rhumatisme. Quoique le mal fût invétéré et le martyre déjà bien long, quelques semaines de cure bien dirigée ont produit sur elle une modification sensible et dans l'Asile chacun était soulagé de ce soulagement. C'est ainsi que les satisfactions et les peines se mélangent et se croisent dans notre œuvre.

Les plus grands chagrins ne sont pas ceux que produit la souffrance physique. Nous en avons éprouvé un autre bien vif. Il a été causé par un trait d'indélicatesse, fait grave que nous avons eu beaucoup de peine à tirer au clair, mais sur lequel la lumière s'est faite de manière à mettre fin à des doutes fâcheux qui ne savaient sur qui s'arrêter. Nous n'en disons pas plus long par égard pour une pauvre et honorable famille, et si nous en parlons, c'est pour que notre Rapport ne puisse être accusé de dire le bien et de cacher le mal qui se fait parmi nous.

Nous sommes d'ailleurs très-heureux de pouvoir dire que la presque totalité de nos hôtes n'a donné que des preuves de reconnaissance pour notre œuvre, de déférence pour la direction et de sympathie pour tout le personnel. Et même, sans vanter outre mesure les bons rapports qui existent entre les pensionnaires et la Direction de l'Asile on peut affirmer que l'influence spirituelle de notre maison est effective sur la plupart; elle est profonde chez quelques-uns qui par la bénédiction de Dieu ont appris doucement à aimer l'Evangile de Jésus-Christ.

Nous ne pouvons nous empêcher de mentionner ce fait que deux des malades qui, après leur séjour à l'Asile ont quitté ce monde, avaient emporté du milieu de nous le germe d'une foi et d'une vie nouvelles L'un d'eux arrivé mécontent, aigri, révolté contre la destinée, est mort peu après à l'hôpital, à Genève, nous a écrit M. le pasteur D., dans des sentiments pieux et paisibles.

Un autre, M. B., catholique non pratiquant et depuis longtemps détaché de toute croyance, est revenu chez lui tellement transformé que sa femme habituée à être brusquée ne comprenait rien à ce changement : « Je viens d'un monde tout nouveau pour moi, lui répondit-il. » Et sa femme n'entendit plus que des paroles d'affection. Pendant les 15 jours qu'il vécut encore, il parlait toujours de l'Asile et des amis qu'il y avait rencontrés. Ce souvenir constant soutenait son cœur et le tournait vers Dieu. Il voulut être assisté par un pasteur à son lit de mort, et mourut en paix. On ne s'était pas douté d'une action si profonde, exercée sans beaucoup de paroles et par le seul ascendant de l'affection chrétienne. Mais Mme B., à la mort de son mari, écrivit au pasteur une lettre où ces faits étaient racontés en des termes que nous n'oserions même pas reproduire, tant ils sont élogieux pour l'Asile.

De pareils résultats dédommagent de beaucoup de peine et de soucis. D'autant plus qu'ils ne sont pas isolés et que tout le reste, en somme, malgré quelques déficits, marche à notre satisfaction.

En fait de déficit, il y en a également un dans la caisse, plus fort que d'habitude et que de raison. Il est dû non-seulement à l'augmentation de notre matériel et à quelques frais nouveaux d'aménagement, mais aux 444 journées gratuites qui ont été plus ou moins obligatoires sur les 3686 que fournit cet exercice en se rapprochant du maximum.

Le déficit serait bien plus fort si nous consacrions au service de la dette, comme il le faudrait, le produit des inscriptions si heureusement taxées d'un droit de dix francs.

Nous prendrons nos mesures pour ne pas laisser croître ni même subsister ce déficit, bien qu'il nous fût doux de pouvoir être larges, en certains cas, sur les gratuités.

Il serait à désirer que quelques amis chrétiens suivissent l'exemple que donne Mme Moccata, une Israëlite bienfaisante qui a voulu payer l'entretien d'un lit pour cette année, et nous a fait annoncer comme probable une fondation perpétuelle dans le même but. Cet exemple de largeur religieuse autant que de largesse charitable nous touche profondément. Il nous encourage dans une voie qui est la nôtre, dans la bienveillance impartiale envers les malades de tous les cultes, quand une fois ils sont admis selon de justes proportions. Cela ne nous gêne nullement dans la profession de nos principes chrétiens auxquels nul sacrifice n'est demandé.

Sur les sereines hauteurs de la charité, les âmes, parties de divers points dogmatiques peuvent se rencontrer et s'unir fraternellement. Si l'esprit sectaire y perd quelque chose, le Règne de Dieu ne peut qu'y gagner.

Nous devons nous arrêter, en comptant sur les statistiques qui vont suivre, et sur les rapports de nos deux Docteurs, pour satisfaire encore davantage la légitime curiosité des amis de l'œuvre. Dieu veuille que le Rapport de cette année, plus étendu que d'ordinaire nous vaille aussi le concours plus qu'ordinaire dont nous avons besoin.

Le Comité de Direction :

ROBERT HOWIE,
Pasteur, président du Comité de Glasgow.

E. LOUITZ.
Pasteur de Grenoble, président du Consistoire Mens.

A. FOURNIER,
Pasteur de Chambéry et Aix-les-Bains.

STATISTIQUE

Religion :

Protestants	131
Catholiques	19
Admissions	150

Nationalité :

Français		63
Suisses :	33 Genevois. 30 Vaudois. 5 Div. cant.	68
Italiens		7
Anglais		6
Allemands		4
Alsaciens		1
Hollandais		1
		150

Profession :

Ouvriers	45
Instituteurs étudiants	27
Employés	22
Domestiques	19
Pasteurs	15
Famille de Pasteurs	8
Diaconesses, directeurs d'œuvres	6
Cultivateurs	5
Mineurs	4
	150

Journées de présence :

Payées	3,242 »
Gratuites	444 »
Total des journées	3,686 »

N. B. Dans les 150 admissions, les membres du Synode ne sont pas comptés, sans cela c'est 173 personnes qu'il faudrait indiquer comme admises à l'Asile. Environ 130 seulement doivent figurer sur les statistiques médicales comme ayant suivi un traitement thermal.

Rapport médical de M. le Dr Brachet.

Toutes nos espérances ont été dépassées, et comme nombre de malades reçus dans l'Asile évangélique depuis sa fondation, et comme résultats heureux obtenus par la cure thermale.

Ces succès, nous les devons :

A la bonne administration qui dirige l'Asile, à la surveillance et au dévouement constant de Mme Fournier et de M. le pasteur Fournier, au zèle des employés et au confort parfait de l'Asile, gracieusement installé et disposé par un généreux architecte, M. Gouy, de Genève.

Nous les devons enfin à l'habileté reconnue de nos doucheurs et de nos doucheuses qui, respectant les vieilles traditions d'Aix, se dévouent également aux malades pauvres ou riches.

On ne sera pas surpris du nombre relativement modeste des malades que nous avons eu le plaisir de diriger, quand on saura que plusieurs d'entre eux ont dû passer de longs mois à l'Asile ; que beaucoup ont fait une double cure, en juin et en septembre, pour assurer le succès d'une guérison.

Nous pensons ainsi classer par groupe d'affections similaires les 230 malades que nous avons reçus dans notre service depuis 1878 :

		Hommes	Femmes	Décès	Totaux
Rhumatisme articulaire chronique	Simple	8	6		14
	Fibreux	9	10		16
	Osseux multi-articulaire (arthrite sénile)	13	17		30
	Chronique des phalanges (nodosités d'Héberden	11	32		34
Rhumatisme du système musculaire		9	14		23
Rhumatisme blennorrhagique		2			2
Arthrite traumatique		9	4		13
Coxalgies suppurées		1	2	1	3
Fractures anciennes		4			4
Plaies par armes à feu		2			2
Sciatiques		4	6		10
Atrophies musculaires progressives		2	1		2
Ataxie		2			2
Hémiplégies		2	2		4
Paraplégies		3	7		10
Affections des voies respiratoires		9	16		25
Herpétisme		5	9		14
Syphilis		2	3		5
Scrofulides		1			1
Névroses		1	5		6
Affections utérines			9		9
					230

On voit que, toujours, à Aix, le rhumatisme avec ses nombreuses variétés est la maladie la plus fréquente. C'est qu'aussi, cette affection y est soulagée, quand elle n'y trouve pas une guérison radicale.

Il est à remarquer combien est plus grand le nombre des rhumatismes articulaires (arthrite sénile) (arthrite sèche) chez les femmes que chez les hommes.

L'influence du sexe n'est point étrangère à ce genre d'affection. On sait quelle énorme différence en plus il y a entre le nombre des femmes affectées de cette maladie à la Salpêtrière et celui des hommes soignés à Bicêtre.

Bien plus, comme nous l'écrivions il y a deux ans, après le professeur Ord, de l'hôpital St-Thomas de Londres, un grand nombre des cas observés chez les femmes pourraient très bien être appelés rhumatismes utérins, vu leur intime relation avec les fonctions, l'âge et les maladies profondes de la femme.

Ce n'est point ici le cas de relater les cures qui nous ont été annoncées à la suite de notre traitement; mais nous pouvons garantir que les quatre cinquième de nos malades ont trouvé à nos thermes soulagement et mieux être. Les bains d'eau minérale, les étuves, les inhalations, les douches (spécialité, type d'Aix-les-Bains), les massages, le concours des eaux athermales de Marlioz, également fort bien aménagées, enfin les eaux de Challes et de St-Simon prises à l'intérieur, produisent des guérisons surprenantes.

Nous recueillons avec soin toutes les observations de nos malades et nous les publierons dans un recueil essentiellement médical.

Dr L. Brachet.

Rapport médical de M. le docteur Blanc.

Le nombre de malades soignés dans mon service de l'Asile évangélique pendant l'été de 1880 a été de 58 ; trois malades ont fait deux saisons, ce qui porte en réalité le nombre d'inscrits à 61.

Ces malades ont été répartis de la façon suivante :

1°	Rhumatisants	46
2°	Affections articulaires	5
3°	Bronchites	2
4°	Divers	5
	Total	58

Subdivisés eux-mêmes de la façon suivante :

Malades traités dans l'Asile évangélique pendant l'année 1880.

Douleurs Rhumatoïdes				3	
Rhumatisme	subaigu	suite de rhumatisme aigu		6	42
		d'emblée		1	
	chronique	monoarticulaire		1	
		suite de rhumatisme aigu		8	
		d'emblée		16	
	déformant	fibreux et osseux	suite d'aigu	1	
			d'emblée	5	
		fibreux		1	
avec complications cardiaques	lésion mitrale			3	
	lésion aortique			1	
Sciatiques	accompagnant le rhumatisme	gauche		3	6
		droite		1	
	sans rhumatisme	gauche		1	
		droite		1	
Affections articulaires	arthrites	scapulo humérale		1	5
		radio carpienne		1	
		femoro tibiale		3	
Bronchite chronique et affections pharyngées. 5 dont deux sans complications rhumatismales					2
Hemiplégie					1
Paralysie de jambe gauche, suite de couches					1
Colique de plomb					1
					58

Comme on le voit, l'affection principale traitée dans le service a été le rhumatisme sous toutes les formes, depuis les simples douleurs rhumatoïdes, jusqu'au rhumatisme déformant, le plus grave avec ses complications (sciatiques et névralgies), affections articulaires, affections cardiaques, etc.

En effet, il fournit à lui seul 46 malades sur 58, traités par moi pendant la saison.

On ne doit point être surpris de ce nombre relativement considérable, si l'on songe aux moyens puissants dont on dispose dans l'Etablissement thermal, soit par la qualité de l'eau elle même, soit par son mode d'administration, qui a atteint une perfection connue maintenant du monde entier.

La même remarque peut s'appliquer aux affections articulaires qui viennent en seconde ligne, et qu'il nous est si facile d'améliorer ou de guérir par les moyens dont nous disposons.

On ne peut dans un rapport sommaire parler de tous les faits intéressants qui ont été observés dans le service, mais il est deux points sur lesquels je tiens à appeler l'attention, à cause de leur haute importance.

D'abord, on voit que le nombre de malades atteint de *rhumatisme chronique déformant* a été de 7, nombre relativement considérable si l'on tient compte de la rareté de cette forme de rhumatisme, et du peu de confiance du corps médical en général pour tout traitement destiné à combattre cette forme de la maladie si grave et si tenace.

En effet, si le rhumatisme chronique simple est toujours amélioré, souvent même guéri à nos eaux, il n'en est pas de même du rhumatisme chronique déformant qui résiste aux médications les plus énergiques.

Les malades viennent faire une cure à Aix, ils repartent à peu près dans le même état, ils se découragent et vont chercher dans d'autres eaux une guérison qui ne viendra pas plus ailleurs qu'à Aix. On a vanté en effet successivement pour cette forme de rhumatisme les sulfureux, les arsénicaux, les alcalins à haute dose.

Depuis cinq ans que je suis médecin à l'Asile évangélique (et je l'avais déjà vu dans une pratique ordinaire), j'ai pu me convaincre que cette terrible maladie pouvait être améliorée, quelquefois même guérie avec nos eaux ; mais une condition était indispensable, la *persévérance*, car les malades pour obtenir cette guérison ont dû revenir trois, quatre et cinq saisons consécutives.

Si les malades riches peuvent voyager de station en station, il n'en n'est plus de même pour les pauvres qui n'ont pas les moyens de se déplacer.

D'un autre côté, l'accueil bienveillant qu'ils reçoivent à leur entrée à l'Asile, les soins dévoués qui leur sont donnés par M. Fournier et sa famille et par les infirmiers et infirmières, les engagent à revenir à Aix, bien que les premiers résultats obtenus n'aient pas répondu à leur attente. Ils sont donc persévérants et ils sont tous surpris après leurs trois et même quatre cures de voir arriver une modification sur laquelle ils ne comptaient plus.

Les résultats que nous avons obtenus ont été remarquables ; toujours nous avons eu une amélioration très sensible et nous avons déjà à notre actif des guérisons radicales sur lesquelles nous comptions peu et qui feront l'objet d'un mémoire spécial ultérieur.

Un second point sur lequel je tiens à éveiller l'attention, c'est la possibilité d'une cure thermale, avec une complication cardiaque.

On croit trop généralement que cette complication est une contre-indication absolue à une cure thermale. Si cette proposition est une vérité pour les affections cardiaques anciennes et graves avec altération des artères, il n'en n'est plus de même quand l'affection est récente et qu'elle suit de près la poussée aiguë du rhumatisme. Loin d'être contre-indiquée dans ce cas, une cure est indispensable, les dépôts plastiques formés sur les valvules ou sur les parois peuvent sous l'influence du traitement se résorber comme se résorbent les dépôts formés autour des articulations et dans les gaînes musculaires.

La facilité avec laquelle on peut varier le traitement à l'infini à l'établissement thermal permet au médecin d'appliquer le traitement avec toute la réserve et la prudence possibles.

Je ne parlerai pas des autres affections traitées à l'Asile, elles sont toutes modifiées par les eaux sulfureuses en général, et si l'on considère que l'on possède à Aix outre les sources sulfureuses de l'Etablissement thermal, les eaux bien plus sulfureuses de *Marlioz*, qui n'est qu'à 1 kilomètre d'Aix, les eaux voisines de *Challes* dont il se débite une grande quantité à Aix, on comprendra combien il nous est facile de soigner les malades chez qui le soufre sous toutes ses formes est indiqué.

Je termine ce court exposé en témoignant à M. Fournier et à sa famille toute ma gratitude pour le dévouement avec lequel ils ont soigné nos pauvres malades.

Je tiens aussi à remercier la garde-malade et les auxiliaires qu'elle dirige pour leurs soins empressés malgré le travail pénible auquel ils étaient astreints.

Dr L. Blanc.

DONS ET SOUSCRIPTIONS POUR L'ENTRETIEN

Collecte parmi les membres du Synode officieux de la XXme circonscription de l'Eglise réformée, assemblée dans la chapelle de l'Asile, le 11 Juin 1880	270 »
Par M. le docteur Brachet :	
M. et Mme Tomline	100 »
Mme Northal Laurie	25 »
Mme la bar. Ch. de Rotschild	100 »
Mme Mocrata (pour entretien annuel d'un lit)	300 »
Miss Scott Douglas	40 »
Miss Dove	25 »
	590 »
Par M. A. Fournier, pasteur :	
M. Passemard (Marseille)	50 »
Miss Bowra (Nice)	20 »
Rd Paynter (id.)	20 »
Mlle Steinmann (id.)	20 »
Mme Bernard (Marseille)	20 »
Mme Marracci (Genève)	100 »
Mme Buttini de la Rive	100 »
Mme Moulinié (Chambéry)	20 »
Mme Malacria (Genève)	15 »
M. Alexis Corbaz (Lausanne)	10 »
Mme de Muralt (id.)	5 »
Mme Espérandieu (Nîmes)	5 »
Mme et M. Lucien Fournier (id)	20 »
Mme et M. E. Oberkampff, pasteur (Lyon)	50 »
M. Alfred Fournier (Nîmes)	20 »
	475 »
Par Mrs Chalmers :	
Une amie	25 »
Lady Maria Forester (2e don)	20 »
Mme Adam	20 »
Colonel Kelly	20 »
Rev. doct. Chalmers	20 »
M. et Miss Andrews	20 »
Mme Chalmers (p. la biblioth.)	5 »
	130 »
Par le Rév. doct. Stewart :	
Miss Hope	20 »
Par Mlle Lestrade :	
Mmes Bonnet	20 »
Par Mlle Lochmann :	
Mlle Picard (Lausanne)	5 »
Mlle Agassiz (id.)	10 »
Par Mlles Rolland de Genève :	
Mlle Fillol	20 »
Mme Constantin Blondel	5 »
Mlle Blondel	10 »
Mlles Rolland	10 »
	45 »
Par Lady Whalley :	
Lady Lanerton	20 »
Mme Evans	20 »
Lady Whalley	20 »
	60 »

Par M. le pasteur Mittendorff de Genève :

Boîte de la Semaine religieuse	10	»
M. Eugène Picot	15	»
M. Eug. Mittendorff, past.	10	»
	35	»

Collecte par Miss Green :

Miss Green (Leamington)	10	»
Miss Rosalie Green (id.)	10	»
M. et Mme Parry (London)	20	»
Mrs Johnston (Liverpool)	10	»
MM. G.-C. Bull (Leamington)	20	»
Mrs Robert Brownrigg	5	»
Miss Brownrigg	5	»
Miss Blake	5	»
M. Barr	5	»
Miss Harrisson	2	»
Miss Ronald	2	»
Miss Rodick	2	»
A. C. B.	2	»
R. P.	2	»
M. A. Gaffri	3	»
Miss Barlow	1	»
Mrs Clarke	10	»
Miss Butterworth	3	»
	117	»

2me collecte par Miss Green :

Miss Anderson	5	»
Miss Barlow	6	»
Mrs Cronyn	12	50
Mrs Dewcar	5	»
Miss Evans Spark	12	50
Two Friends	6	»
M. D.-H. Goddard	12	50
Rev. C. Green	12	50
Miss Heath	6	»
Mrs Heath	6	»
M. Lawson	12	50
Mrs Foy	6	»
Miss Menzie	3	50
Misses Metcalfe	12	50
Miss Mitchell	3	50
Miss Owen Pell	6	50
Mrs Patterson	3	»
Miss Wheler	3	50
Miss Whitley	2	50
Mrs Whitwell Wilson	12	50
	150	»

Par la Direction de l'Asile :

M. M. R. Croskey	20	»
M. Dudgeon	60	»
Miss Dudgeon	20	»
Mme Ch. Cordès	20	»
Mrs Lockhardt	50	»
Miss Cook	50	»
Tronc extérieur	1	15
Mme Bisset	18	20
Mme Caird	20	»
Miss H.	2	»
Mme Dawson (Nottingham)	10	»
Mme Buttin	20	»
M. Dériaz (Louis)	3	50
M. Dériaz François	5	»
M. Caubert	1	70
Mme et Miss Bell	20	»
Boîte intérieure de l'Asile	32	50
M. Ewart (Belfast) sur 100 fr dont 50 fr. pour école	50	»
Miss Warley	4	45
M. Bastian	2	»
M. Henry Chayton, d'Arlington	50	»
Général Lewis	10	»
M. Tissot (Lausanne)	40	»
M. le past. Zipperlen	5	»
Lady Forester	10	»
Mme et M. William Pictet	10	»
Tronc extérieur de l'Asile	27	35
Mme et M. Falconer	50	»
MM. Déjardin frères (Aigues-Vives)	20	»
Anonyme	1	»
Tronc de la chapelle	14	96
Mme de Roissard Gordon	10	»
Mme et M. Rey-Bouvier (Gen.)	25	»
M. le past. Richard	20	»
Mlle Lecoultre	2	60
Mlle past. Zipperlen (2e don)	45	»
Mlle Sicard	12	»
Mlle Lina Morel	7	20
Mlle Grandjean	3	»
Mlle Lemp	15	»
Mme la comtsse de M.; deux amies	125	»
Mme la bar. de Roissard, 2e don	20	»
Mme Clarke	10	»
Mlle Stalder	10	»
Miss Lydia Rawson	5	»
Mlle Grossenbach	5	»
M. Trottet	2	»
M. Lemercier	5	»
M. Agénor Boissier, sur 300 fr.	50	»
J. D.	5	»
Mlle L. C.	2	»
Mlle Fonjallaz	0	75
M. Volla	20	»
M. le pasteur Fuzier	10	»
Mlle Gras	10	»
M. Boissy	20	»
Mme et M. Roger (Nîmes)	20	»
Mme Paris	1	»
Mme et M. G. Bérard, s. 165 f.	150	»
Tronc extérieur	0	65
Tronc de la chapelle	4	95
Mlle Armand	5	»
Mme Genton	3	»
Mme Arnaud	15	»
M. Koller	5	»
Mlle Grivet	2	»
Collecte par Mme Lallot	11	50
Tronc extérieur	2	60
M. Pellet	3	»
M. Ad. Morin (Genève)	10	»

M. Barnier	7	»
Mme M.	20	»
M. François Schérer (Genève) sur 100 fr.	50	»
Mme Giriens	11	»
M. Morier	1	»
Mme Auberson	10	»
M. Mathil	2	»
Mme Bonifas	30	»
M. Vermeil	5	»
Mlle Hoffmann	1	85
Mme Roguet	2	»
M. Ferraris	2	»
M. le past. Lasserre	15	10
Mme Van der Eycken	10	75
Mme Gras	10	»
M. Cheysson	10	»
Mme Ducuing	1	»
M. Thomas	2	»
Mlle Bachasse	10	»
Mlle Beziès	10	»
Anonyme	0	50
M le professeur Bois	20	»
Mme Dutoit	6	»
Anonyme	20	»
Mme Serre	20	»
Mme Cochet (Chambéry)	5	»
M. Kléber de Rives (sur 100 f.)	50	»
M. et Mme de Pomaret, past.	20	»
Lady Gibson Carmichaël	20	»
Miss Sansom	20	»
M. Woods Warnford, Stauz.	150	»
M. B.	10	»
Mrs Hull	9	»
M. le past. Jules Fournier.	10	»
Don des pensionnaires pour changer la cloche	60	»
Mme Jaton	5	»
M. le past. Delavenna	5	»
Mme Leuba	50	»
M. le past Bernard	5	»
From a friend, Mrs Davidson	20	»
Mrs Hoggarty	50	»
Mme Ruebell	20	»
Mlle Bessie Taylor	20	»
M. le docteur Lombard	50	»
Mlle Lasserre Lombard	8	75
Mrs Richard Dowse	5	»
Mrs Monteath	20	»
Mis Curwen	22	»
L. D.	8	»
M. le past. Henry Meille	65	»
Boîte de l'Asile	5	80
M. Zbinden	10	»
M. Cloue	5	30
M. Moccata	100	»
M. Mansel Pleydell, Whatcombe	12	50
Miss Fanny Reid, sur 125 fr. dont 100 fr. pour école	25	»
Rev. Dr Aikmann	20	»
Tronc extérieur	41	04
Tronc de la chapelle	26	20
Mme et M. Jules Pfender, past.	20	»
M. Gustave Klein	20	»
Mme et M. de Luc-de-Snarclens	50	»
Anonyme	30	»
Mlle Anna Hoffmann	10	»
Mme et M. Oberkampff	50	»
M. Alfred Fournier (Nîmes).	20	»
Total des dons reçus par la Direction	2582	85

www.ingramcontent.com/pod-product-compliance
Lightning Source LLC
LaVergne TN
LVHW050458160826
845677LV00003B/826